Mr. 대통령 지지율에 올라타라

Mr. 대통령 지지율에 올라타라 _삼성언론재단 총서

초판1쇄 인쇄 2011년 3월 20일
초판1쇄 발행 2011년 3월 25일

지은이 이상훈
펴낸이 이영선
펴낸곳 서해문집
이 사 강영선
주 간 김선정
편집장 김문정
편 집 임경훈 김종훈 김경란 정지원
디자인 오성희 당승근 안희정
마케팅 김일신 이호석 이주리
관 리 박정래 손미경

출판등록 1989년 3월 16일 (제406-2005-000047호)
주 소 경기도 파주시 교하읍 문발리 파주출판도시 498-7
전 화 (031)955-7470 | **팩스** (031)955-7469
홈페이지 www.booksea.co.kr | **이메일** shmj21@hanmail.net

ISBN 978-89-7483-462-3 03340

이 도서의 국립중앙도서관 출판시도서목록(CIP)은 e-CIP홈페이지(http://www.nl.go.kr/ecip)와
국가자료공동목록시스템(http://www.nl.go.kr/kolisnet)에서 이용하실 수 있습니다.(CIP제어번호: CIP2011001083)

Mr. 대통령 지지율에 올라타라

대통령도 모르는 지지율 등락의 비밀

chapter 11

Governeering 3
지지율 상승을 자극한다

이상훈 지음

서해문집

들어가는 글

나는 대학원에서 정책학을 공부를 하던 때부터 지지율에 관심을 가졌다. 기자 일을 하면서 틈틈이 짬을 내 공부하던 때로 대통령이 내건 많은 공약과 임기 중에 발표한 야심찬 계획들이 알게 모르게 사라져간 사실을 발견하고는 그 이유를 궁금해 하던 중 지지율을 주목했다. 이후 영국 유학을 통해 여론과 지지율에 관해 좀 더 깊게 공부하고 고민할 수 있었다. 그러나 지지율을 체계적으로 다룬 책은 국내는 물론 해외에서도 찾기 어려웠다.

이 책은 이런 불만 속에 10여 년간의 배움의 결과를 묶은 것이다. 지지율의 의미와 역사에서 시작해 지지율 조사의 문제점, 지지율에 영향을 주는 요인, 미국과 한국 대통령의 지지율 트렌드를 거쳐 뉴스, 특히 네거티브 뉴스와의 관계, 루머가 지지율에 미치는 영향을 분석했다. 이어 거의 책의 절반을 할애해 대통령이 높은 지지율을 유지하기 위해 사용할 수 있는 전략들을 소개했다. 책 속에서는 지지율 전략을 'governeering' 이라고 이름 붙였다. 이는 국정운영을 뜻하는 governing과 치밀한 관리를 뜻하는 engineering을 결합한 말이다. 국정운영에서 힘을 발휘하려면 높은 지지율이 필요하다는 점에서 지지율을 올리고 높게 유지하기 위한 치밀한 관리를 governeering이라고 부를 수 있다.

한국은 대통령제를 도입한지 이제 60년이 겨우 넘은 데다 대통령의 지지율에 관한 자료도 미미하다. 이 때문에 미국 대통령의 지지율에 관한 많은 학자들의 탁월한 분석과 자료를 바탕으로 영국, 일본 등 다른 나라 대통령과 총리의 지지율에 관한 사례와 연구 결과를 곁들여 한국 대통령의 지지율에 관한 이야기를 풀어나갔다. 딱딱한 분석보다는 누구나 쉽게 지지율을 이해하고 그 의미를 파악해, 매달 발표되는 지지율을 흥미롭게 볼 수 있도록 하는 데 주안점을 두었다. 또 전체적인 내용을 한눈에 알 수 있도록 각 장마다 요약 부분을 따로 두었다. 집필을 하면서 큰 도움을 받은 국내외 책과 논문 등 자료들의 명단은 이 책의 마지막 부분에 소개했다.

이 책은 많은 분들의 도움이 없었다면 세상에 나오지 못했을 것이다. 특히 부족한 내용임에도 불구하고 저술 지원을 해준 삼성언론재단과 기꺼이 출판을 맡아준 서해문집 관계자분들께 머리 숙여 감사드린다. 그리고 집필 중 번뜩이는 아이디어와 격려를 아끼지 않은 아내 지연에게도 고마움을 전한다.

차례

프롤로그

매일 만나는대통령

뉴스에 가장 많이 등장하는 인물은 대통령이다. 2010년 1월만 해도 그렇다. 해마다 1월에는 뉴스가 무수히 쏟아진다. 사건, 사고도 많은 데다가 언론사마다 새해 분위기가 물씬 풍기는 기획물들을 앞 다퉈 쏟아내기 때문에 웬만큼 중요한 인물이나 충격적인 일이 아니고서는 뉴스로 다뤄지기가 어렵다. 뉴스로 다뤄지기 위해 이런 치열한 경쟁이 벌어지는 가운데에서도 대통령은 압도적으로 많이 등장한다. 방송 뉴스인 〈KBS 뉴스9〉에서 대통령이 주인공이거나 가장 중요한 발언자로 등장한 뉴스는 1월 한 달 동안 무려 26건이었다. 거의 매일 나온 셈이다. 대통령이 아닌 다른 정치인을 다룬 뉴스는 겨우 한 자릿수에 그쳤고, 남아공 월드컵을 앞두고 큰 관심의 대상이 된 허정무 축구 대표 팀 감독이 나온 뉴스도 14건에 그쳤다. 방송뿐만 아니라 신문에서도 대통령은 중심에 서 있다. 〈조선일보〉의 1면에 대통령이 등장한 경우는 2010년 1월에 9건으로 어떤 인물보다 앞섰다.

대통령이 취임한 직후인 2008년 3월에는 대통령을 다룬 뉴스가 더 많았다. 〈KBS 뉴스9〉에서는 29건이나 돼, 당시 최고 인기스타로 떠오른 피겨스케이트 선수 김연아의 9건을 한참 앞섰다. 〈조선일보〉에서도 12건으로 정치인, 연예인, 운동선수, 학자 등 누구를 가릴 것도 없이 단연 많았다. 인터넷에서도 대통령은 큰 관심을 끄는 인물이다. 인터넷 블로그는 연예인, 특히 10대 아이돌에 관한 가십성 정보가 가득한 곳으로 정치인 같은 따분한 캐릭터가 인기를 끌기 어렵다. 〈중앙일보〉의 보도2010년 8월 19일에 따르면 이런 상황에서도 지난 2008년부터 2010년 초까지 이명박 대통령은 블로그에서 가장 많이 언급된 인물 4위에 올랐다. 정치인 중에서는 단연 1위였다.

'셀레브리티celebrity'를 사전에서 찾아보면 '세상에 널리 알려진 인물'이라고 돼 있다. 우리말로는 유명인이나 명사 정도로 바꿀 수 있다. 한마디로 인지도가 아주 높아 누구나 알아보는 인물이다. 대통령은 한 나라에서 가장 큰 주목을 받는 정치인이다. 내각제를 채택해 대통령이 없는 나라에서는 총리가 여기에 해당하는 인물이다. TV를 켜고 신문을 펼치면 대통령을 볼 수 있고, 목소리를 들을 수 있다. 대통령의 공적 활동은 말할 것도 없고 사적 생활도 상당부분 공개되기 때문에 어린아이라도 누가 대통령인지 알고 있고 대통령에 대해 한마디씩은 할 수 있다. 또 대통령은 단순히 주목만 받는 것이 아니라 중요한 일을 하는 인물이기도 하다. 많은 사람들의 삶, 때로는 운명에 영향을 주는 중요한 결정들을 대통령이 한다. 국민이 보기에 대통령은 국민의 생활과 관련된 거의 모든 일에 관여한다. 이 때문에 대통령은 정부를 상징하는 정치인이고 나라의 중심에 선 인물이다. 이런 맥락에서 보면 대통령은 최고의 셀레브리티인 셈이다.

대통령이 인기 얻는 데 관심이 없다고?

인지도는 힘이다. 누구나 알아보는 인물이 하는 말과 행동은 남들에게 커다란 영향을 준다. 중국 삼국시대에 촉나라 군대를 이끌던 제갈량은 전쟁이 한창 중인 때에 병력의 대부분을 멀리 떨어진 전장으로 보내고 자신은 100명밖에 안 되는 병사들과 함께 작은 성에서 휴식을 취하고 있었다. 그때 보초들이 황급히 달려오더니 15만 명에 이르는 적군이 다가오고 있다는 소식을 전했다. 제갈량이 아무리 하늘이 내린 지략가라고는 해도 겨우 100명의 병사들을 가지고 적군과 맞서 싸운다는 것은 역부족이었다. 누가 보더라도 싸움 한번 제대로 하지 못하고 생포되거나 죽게 될 게 분명했다. 그러나 제갈량은 인지도란 막강한 힘이 있었다. 그는 곧바로 병사들에게 깃발을 내리고 성문을 열어젖힌 다음 숨어 있으라고 명령했다. 자신은 옷을 멋지게 차려입고 성벽 위 가장 눈에 띄는 곳에 떡 하니 앉았다. 제갈량은 향을 피우고 현악기를 연주하며 유유자적 노래를 부르기 시작했다. 몇 분 후 적의 군대가 끝없는 꼬리를 뒤로 하며 몰려왔다. 제갈량은 아무것도 못 본 체하고는 계속 악기를 연주하며 노래를 불렀다. 적군이 성문 앞에 멈춰 섰는데도 연주는 끝나지 않았다. 적장인 사마의는 성벽에 앉아있는 사람이 제갈량이라는 것을 곧 알아차렸다. 사마의의 병사들은 수비도 없이 활짝 열린 성문을 보고는 '웬 떡이냐' 며 안으로 밀고 들어갈 태세였지만 사마의는 뭔가 불안했다. 허를 찌르는 전술로 유명한 제갈량이다 보니 쉽게 진격을 할 수 없었다. 그는 머뭇거리며 제갈량을 살펴보았다. 유유자적한 모습이 뭔가 일을 꾸며 함정에 빠뜨리는 듯 보였다. 사마의는 인지도가 높은 제갈량에 대한 두려움이 너무도 컸기 때문에 감히 모험을 감행할 수가 없었다. 그는 회군하라고 명령했다.

인지도가 높으면 단순히 모습을 드러내는 것 하나만으로도 목적을 이루고 뜻을 관철시킬 수 있다. 악명으로 인지도가 높은 것이 아니라 좋은 평판 덕에 인지도가 높아져 인기를 얻으면 사람들이 그의 말과 행동에 열광한다. 인기는 영향력으로 이어지고 많은 돈을 가져다주기도 한다. 대표적인 셀레브리티인 A급 영화배우나 가수, 코미디언 같은 연예인들이 부자가 되고, 그들의 사소한 말 한마디가 무게 있는 영향력으로 다가오는 것은 인기 덕분이다. 그들이 나오는 영화, 콘서트, 방송에 사람들은 기꺼이 돈을 내고, 보고 들으며 열광한다.

정치인에게 인기는 힘이다. 인기가 있는 정치인은 선거 때마다 승승장구하고 더 큰 권력을 쥔다. 지역이나 연줄을 벗어나는 폭넓은 인기는 권력을 더욱 단단하게 만든다. 많은 사람들의 열광을 이끌어낼 수 있는 정치인이라야 선거에서 이겨 정치적 생명을 이어갈 수 있고, 자신의 신념을 정책을 통해 현실로 만들 수 있다. 반면 인기를 잃어버리면 그저 그런 정치인으로 겨우 살아남거나 아예 정치인으로의 생명력이 끊기기도 한다.

최고의 정치인이자 최고의 셀레브리티인 대통령에게 인기란 무엇일까? 대통령의 인기는 지지율로 나타난다. 대통령의 국정 수행을, 투표할 권한을 가진 유권자들이 얼마나 만족하는지 나타내는 지표로, 여론조사기업들은 대통령의 지지율을 매달 혹은 매주 조사해 숫자로 발표한다. 이 숫자가 높으면 대통령이 국민에게 인기가 있고, 반대로 숫자가 낮으면 대통령이 국민의 외면을 받고 있다고 해석할 수 있다. 대통령 노릇을 잘하는 데에는 지지율이 중요하다. 국정을 운영하려면 얼기설기 얽혀있는 이해당사자들을 설득해야 한다. 지지율이 높아 국민의 인기를 한 몸에 받는 대통령이 하는 설득은 정당성과 힘이 있는 반면 국민이 외면해 지지율이 낮은 대통령이 하는 설득은 영 힘이 없다. 대통령 집권 후반기에 나타나는 권력누수 현상인 레임덕이 나타나면 야당은커녕 여당이나 공무원도 대통령 말을 듣지 않는다. 지지율이 낮은 탓이다. 김영삼, 김대중, 노무현 등 한국의 전임 대통령들은 임기 후반 낮은 지지율로 설득할 힘을 잃어버려, 대통령 노릇을 하는 데 어려움을 겪었다.

유권자들은 대통령을 통해 국가가 어떻게 운영되고 있는지 이해한다. 대통령 지지율이 낮다면 정치나 정부가 돌아가는 모양새가 엉망으로 보인다. 정당, 의회와 정부의 신뢰가 대통령 지지율과 함께 맞물려 돌아가기 때문이다. 이런 이유로 지지율은 대통령이 하는 일 자체에 영향을 주고, 선거에도 파장을 미치며, 정부에 대한 신뢰와도 직결된다.

지지율은 선거보다 민주적이다

유권자의 생각을 나랏일에 반영하는 민주적인 방법에는 선거와 국민투표처럼 공식적인 방법과, 로비나 청원, 시위 같은 비공식적인 방법이 있다. 하지만 지지율은 이런 방법들보다 더 민주적이다. 선거나 국민투표에는 모든 유권자가 참여할 수 있다. 그렇지만 누굴 찍을지 미리 정하고 투표장에 가 줄을 서 차례를 기다려 기표를 하는 번거로움을 감내할, 적극적인 유권자만이 참여한다. 이와 달리 지지율은 적극적인 유권자가 아니라도 조사 결과에 영향을 준다. 샘플을 통해 선발해, 전화로 간단히 조사가 이뤄지기 때문에 투표에 잘 참여하지 않는 소극적인 유권자의 의견도 반영된다. 좀 더 폭넓은 유권자의 의견이 반영된다는 점에서 더 민주적인 셈이다. 지지율은 또 로비나 청원, 시위 등과 비교해 봐도 더 민주적이다. 이런 활동에는 정치에 관심이 많거나 큰 이해가 달린 사람들이 아니고서는 참여하지 않는다. 이런 탓에 관심과 이해가 특정 계층이나 출신에 집중돼 있다. 때로는 특정 계층의 이해가 관철돼 나랏일이 왜곡되기도 한다. 그러나 지지율은 정치에 무관심한 사람까지도 끌어들이고 이들의 의견을 전달한다.

대통령이나 정치인들은 지지율을 의식하는 것을 천박한 행동으로 치부하는 경향이 있다. 자신의 길을 밀어붙이고 나가는 것을 지조 있는 행동으로 여기는 반면 지지율을 의식해 행동하는 것을 유권자에게 아부하는 비굴한 짓이라고 간주하기도 한다. 그러나 이런 생각은 착각이자 오만이다. 대통령 지지율이 급격히 떨어질 경우 반대세력의 공격 속에, 야심찬 정부 정책이 무산되는 일이 벌어진다.

"인기를 끌고 인심을 얻는 데는 관심이 없다."

이명박 대통령이 2009년 11월 싱가포르를 방문했을 때 한 말이다. 발언이 나온 당시 국내에서는 정부가 마련하고 대통령이 강력히 주장했던 세종시 수정안이 논란의 대상이었다. 야당이나 시민단체 같은 반대세력은 설득 자체가 어려웠고, 여론도 상당히 비판적이었다. 따라서 인기에 관심이 없다는 대통령의 발언은 반대세력을 설득할 필요도 없고, 여론이 아무리 반대해도 계속 밀고 나가겠다는 의미로 해석됐다. 당시 대통령의 지지율은 겨우 40%를 넘긴 수준이었다. 집권 2년차 대통령치고는 매우 낮아, 국정을 대통령 뜻대로 밀고 나가기에는 역부족이었다. 그런데도 이 대통령은 인기나 여론에는 관심이 없다며 '내가 옳으면 계속 간다'는 식으로 나왔다. 결과는 정책의 무산과 지지율 하락이었다. 해를 넘겨 지지율은 30%대로 떨어졌고, 세종시 수정안은 분란만 일으킨 채 폐기됐다.

민주국가에서 여론은 최대 권력자다. 대통령이 할 일 중 가장 중요한 일은 자신을 대통령으로 만들어준 유권자의 의견, 즉 여론을 존중하는 일이다. 여론을 무시하는 것은 과거시대의 황제나 다름없는 행동이다. 황제는 자기 뜻대로 국정을 운영하면서 비판하는 여론을 가볍게 무시할 수 있었다. 황제가 누리는 권력은 그저 대물림해 받은 것이지 여론에 바탕을 둔 것이 아닌 탓이다. 반면 민주국가에서 여론은 권력의 기반이고 정당성의 근원이다. 지지율은 여론대로 국정을 보여주는 지표로, 여론이 변하면 대통령의 생각도 변해야 한다.

무능하고 부패한 대통령, 총리 혹은 국회의원이 여론을 호도해, 지지율을 높일 목적으로 벌이는 깜짝 쇼에 국민이 속아 넘어가기 쉽다는 지적이 나오기도 한다. 실제 능력과 도덕성 이상으로 과대 포장돼 선거에도 이기고 인기도 끄는 정치인이 정말 있기도 하다. 그러나 거기까지일 뿐이다. 국민은 바보가 아니다. 잠시 착각에 빠져 지지를 보낼 수는 있지만, 부패와 무능을 가리려고 가식적인 행동을 하는 정치인을, 국민은 결코 오래도록 지지하지 않는다. 자신을 바꾸지 않고 눈앞의 지지만을 잡으려는 정치인은 유권자의 버림을 받는다. 진심으로 국민을 존중하며, 독선을 버리고 국민이 원하는 것을 위해 행동할 때만 높은 지지율을 오랫동안 유지할 수 있고, 나랏일을 하는 데서도 성공할 수 있다. 이런 맥락에서 오랫동안 높은 지지율을 유지하는 대통령은 유권자를 위해 올바르게 행동하고 적절한 정책을 펼치고 있다는 것을 의미한다. 지지율은 대통령이 바른 길을 가고 있는지를 보여주는 일종의 벤치마크인 셈이다. 유권자를 위해, 국민을 위해 일하는 대통령은 주기적으로 나오는 지지율을 통해 그들의 생각을 읽어야 한다. 그러니 Mr. 대통령, 지지율에 주목하고 거기에 올라타시라.

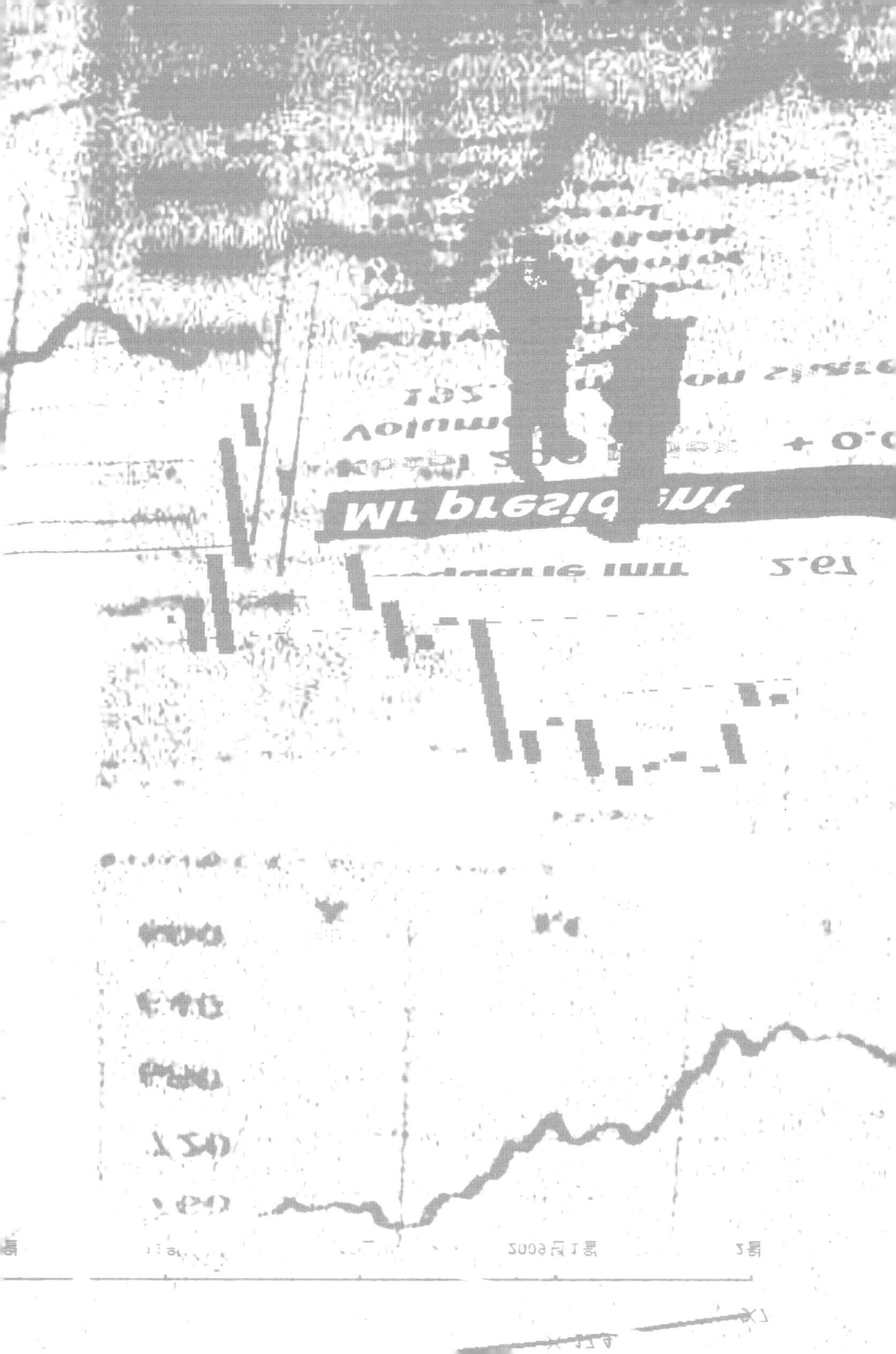

1

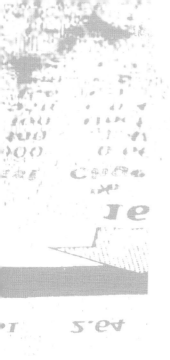

지지율이 추락하면 권력도 추락한다

정부와 정책, 여당에 대한 신뢰

야당을 설득하는 힘

선거를 승리로 이끄는 기반

안에서 새는 바가지 밖에서도 샌다

● 당신은 ○○○대통령이 대통령으로서 일을 잘하고 있다고 생각하십니까, 잘못하고 있다고 생각하십니까?

지지율 조사에서 자주 등장하는 질문이다. 여론조사기업마다 약간의 차이는 있지만 대통령이나 총리가 나랏일을 하는 방식에 동의하는지를 묻는다. 질문이 단순하고 조사 결과도 하나의 숫자로 명확하게 나온다. 그러나 지지율이 갖는 의미는 단순하지는 않다. 대통령이나 총리가 지지율이 낮으면 국정 최고 책임자로서 역할을 제대로 하기 어렵다.

내각제인 영국에서 고든 브라운은 노동당의 핵심 지도자로 10년 동안이나 재무장관을 지내며 영국 경제를 이끌다 최고 권력자인 총리에 오른 인물이다. 2007년 6월 토니 블레어에 이어 총리에 오른 그를 두고, 노동당 의원들은 풍부한 경험과 재정운영 노하우를 가진 만큼 블레어 시절의 인기를 이어갈 것으로 기대했다. 한마디로 준비된 총리였다. 그러나 현실은 달랐다. 아프가니스탄 전쟁에 참전한 영국군의 사상자 수는 늘고, 경제는 휘청거려 국민의 불만이 커졌다. 장관들과 여당 국회의원들의 주택수당 부당청구 스캔들까지 터져 여론이 악화됐다. 게다가 유럽의회 선거에서도 패배했다. 뚱한 표정에다 퉁명스러운 말솜씨로 '비호감'을 사던 브라운 총리의 지지율은 계속 추락해, 2009

영국 총리 관저가 자리 잡은 런던 다우닝 가의 모습.
철책 넘어 도로 중간 지점에 총리 관저인 10번지가 있다.

년 6월에는 20%대를 기록할 정도였다.

노동당 의원들이 술렁이기 시작했다. 이런 총리를 가지고는 국민의 미움만 살 뿐, 다음 총선에서 승산이 없다고 판단했다. 의원과 장관을 포함해 노동당 정치인 수십 명이 연판장을 돌렸다. 브라운을 총리 자리에서 몰아내고 새로운 총리를 뽑자는 제안이었다. 2008년에도 똑같은 당내 반란이 일어났을 때에는 가까스로 진압했지만, 그때보다 지지율이 더욱 곤두박질 친 브라운 총리로서는 이번 반란을 스스로 진압할 힘이 없었다. 유일한 방법은 노동당 원로들의 도움이었다. 정치인으로서 자존심 상하는 일인 데다 그동안 소원한 관계였지만 정치적 생명을 연장하려면 그들의 도움 말고는 달리 방법이 없었다. 원로를 찾아간 브라운 총리는 자신에게 기회를 더 달라고 사정했다. 원로들은 당장 총리를 바꾸면 오히려 당이 혼란에 빠진다고 판단해 연판장을 주도한 의원들을 하나둘 불러 설득했다. 우여곡절 끝에 당내 반란은 사그라졌다. 그렇지만 바닥을 기는 지지율 탓에 이후에도 몇 차례 총리 퇴진 운동이 벌어졌다. 결국 2010년 5월 총선에서 노동당이 패배하면서 브라운은 총리에서 물러났다.

지지율은 대통령이나 총리의 능력에 대한 유권자의 평가이자, 지도자가 유권자에게 주는 심리적 안정감이다. 유권자들의 신뢰를 받지 못해 지지율이 낮은 대통령이나 총리는, 야당은 말할 것도 없고 여당 내에서도 비판을 받아 선거 당시 약속한 공약이나 핵심정책을 제대로 추진할 수 없다. 당내 반란이나 국회의 탄핵으로 자리에서 쫓겨나기도 한다. 이와 달리 좋은 평가와 신뢰를 얻은 대통령은 말 한마디에 무게가 실리고, 대통령이나 총리의 일을 수월하게 할 수 있다.

정부와 정책, 여당에 대한 신뢰

이명박 대통령은 취임 초기인 2008년 9월, 향후 5년간 25조 원대의 세금감면을 주요 내용으로 하는 감세안을 발표했다. 침체된 경제를 살리는 다양한 감세 기준이 포함됐고 집행하는 데도 문제가 없어보였다. 감세를 통해 경제를 살린다는 경제교과서의 내용을 옮긴 정책으로 소득이 적은 사람과 소득이 많은 사람 모두 혜택을 보는 정책이었다. 그렇지만 지지율이 문제였다. 여론의 평가는 혹독했다. 이미 한미자유무역협정FTA과 광우병 파동으로 대통령에 대한 신뢰가 떨어지고 지지율이 폭락한 때였다. 여론은 감세 정책을 곧이곧대로 받아들이지 않았다. 야당은 '부자감세'라는 딱지를 붙여 여유 있는 사람을 더욱 풍요롭게 만드는 것이 정권의 목적이라고 비판했고 여론은 이에 동조했다. 취지와 맥락을 아무리 설명해도 야당과 여론은 대통령과 정부를 믿지 않았다. 정부는 원래 추가적인 감세와 세제 개편안도 내놓을 예정이었지만 우선적으로 발표한 감세안 자체가 불신에 내몰리면서 고소득자의 세율을 기존대로 유지하는 쪽으로 수정할 수밖에 없었다.

대통령은 한 나라에서 가장 중요한 공무원이라서 늘 주목을 받는다. 국민은 누가 대통령인지 알고 있고, 그가 무슨 일을 하고 있는지 관심을 기울인다. 대통령이 휴가 중에 읽었다고 알려진 책이 단박에 베스트

셀러가 되고, 그가 자주 착용하는 안경은 없어서 못 팔 만큼 인기를 누리며, 그가 좋아하는 음식이 갑자기 요리프로에 자주 등장한다. 이런 주목과 관심은 배우나 가수, 스포츠 스타 같은 평범한 셀리브리티도 받는다. 그들이 입는 옷, 자주 가는 식당이 사람들의 관심 속에 인기를 누린다. 그러나 대통령은 단순한 관심과 주목을 받는 차원을 넘어 평범한 셀리브리티와는 차원이 다른 영향력을 갖고 있다. 국민의 눈에 대통령은 영향력이 가장 큰 공무원이고, 실제 많은 사람들의 운명에 영향을 주는 중요한 결정을 한다. 대통령의 지시 하나면 있던 죄도 사라지고 감옥에서 지내야 할 사람도 형을 면제 받는다. 대통령이 한번 움직이면 고자세이던 대기업들이나 은행도 쩔쩔 매고 서민과 중소기업에 바로 돈을 푼다. 대통령이 눈을 한번 부릅뜨면 10년을 끌던 민원도 한 시간이면 해결된다. 즉 대통령은 나라 전체에 영향을 줄 힘을 갖고 있고, 임기 중에 많은 영향을 끼친다. 이렇다 보니 사람들은 대통령을 통해 정부를 보고 느끼고 평가하고, 대통령의 모습에 비춰 정치를 이해하고 받아들인다.

2000년대 들어 대통령에 대한 평가가 국민의 일상과 더욱 연결되어 미시적으로 이뤄지는 경향이 나타났다. 유권자들은 그들을 얼마나 편안하고 만족스럽게 해주는지에 따라 대통령을 평가한다. 사실 이런 문제는 대통령의 핵심 역할이라기보다는 정부, 그것도 일선의 대민 서비스 부서의 기능에 해당한다. 하지만 이런 대민 서비스가 이제는 유권자들의 주요 관심사가 됐다. 많은 나라에서 대통령이나 총리를 뽑을 때

경제적으로 넉넉하게 살고, 아이들을 잘 가르치며, 병을 잘 치료하는 문제, 즉 잘 먹고 잘사는 문제가 가장 큰 이슈가 되는 이유다. 그리고 이런 서비스가 만족스럽지 않으면 그 책임은 대통령에게 돌아간다.

이런 맥락에서 대통령 지지율은 정부에 대한 국민의 신뢰 수준을 의미한다. 정부는 정책을 통해 국민과 접촉하는데, 어떤 정책이든 그 추진력은 대통령에 대한 지지율에서 크게 벗어나지 못한다. 지지율이 낮으면 정부가 정책을 만들고 실행할 때 국민이나 반대세력을 설득할 수 있는 힘도 약하고 운신의 폭도 좁아, 정책수행 자체가 불투명해지는 결과를 가져올 수 있다. 정부의 신뢰가 낮으니 국민과 이익단체들을 설득하기는 어려워 이는 정책의 불발로 이어진다. 반대로 지지율이 높은 대통령이 이끄는 정부는 설득 자체에 힘이 있고 설득의 정당성도 있다. 국민의 전폭적인 지지를 받는 정부에 야당, 반대세력이 쉽사리 딴죽을 걸기 어렵다.

가치중립적인 개별 정책이 대통령에 대한 유권자의 판단에 휘둘리기도 한다. 정책 자체의 득실을 따지기보다는 이념적 성향에 따라 대통령에 반대하는 집단은 정책도 반대하고, 대통령에 찬성하는 집단은 정책도 찬성한다. 4대강이든, 개헌이든, 친서민 정책이든 내용은 별로 중요하지 않아 보인다. 2010년 8월 〈중앙일보〉가 이명박 대통령의 역점 정책인 친서민 정책에 대한 공감여부를 조사했다. 친서민 중도실용 정책과 생활 공감 정책을 더욱 강화하겠다는 대통령의 약속을 어떻게 보느냐는 것이었다. 친서민 정책 자체는 그 자체로 바람직한 정책이라 별다른 가치 판단이 필요 없는 질문이었다. 그런데 공감한다는 응답과 공감하지 않는다는 응답이 각각 49.8%와 48.6%로 비슷했다. 대통령 자체에 대한 판단이 정책의 판단을 좌우한 것이었다.

대통령 지지율은, 대통령을 배출했고 그와 정치적 견해를 같이하는 정치인들의 모임인 여당에 대한 평가이기도 하다. 특히 한국과 같이 대통령과 여당이 거의 한 목소리를 내고, 여당이 대통령의 의중에 따라 이른바 '당론'을 결정하여 대통령이 추진하는 정책에 일방적인 찬성을 보내는 상황에서는 대통령의 지지율은 여당의 지지율과 연결된다고 볼 수 있다. 실제 대통령의 지지율과 여당의 지지율은 5% 전후의 격차를 두고 거의 동일한 흐름을 보이는 것이 보통이다.

야당을 설득하는 힘

2006년 9월 그리스 아테네를 방문한 노무현 대통령은 동포간담회에서 국정 수행의 어려움을 이렇게 말했다.

> "어디 나가면 항상 기분이 좋고 대접도 잘 받고 한다. 국내에 돌아가면 좀 골치 아프긴 하다. 국내에 가면 잘 안 해준다."

국내에서 정책 하나를 추진하려고 해도 야당이 번번이 발목을 잡고, 심지어 여당 내에서조차 대통령과 전혀 다른 주장이 나오는 무력한 현실을 한탄한 소리다. 당시는 임기가 1년 반 남은 상황으로 대통령 지지율은 20%를 겨우 넘고 있었다. 공정거래법, 국가보안법, 종합부동산세, 자유무역협정 등 주요 사안마다 야당을 설득하기에는 역부족이었고 여당 내의 반발조차 무마시키지 못했다.

대통령 지지율은 설득력의 기반이다. 지지율이 높게 나와야 설득에 무게가 실린다. 대통령을 평가하는 유권자들은 여론을 만들고 이런 여론은 야당에 매우 중요하다. 그래서 야당은 지지율이 높은 대통령에게는 여론의 힘을 의식해 소극적이나마 협조를 하기 때문에 대통령은 원하는 정책을 큰 무리 없이 추진할 수 있다. 높은 지지율은 대통령에게 야당에 대한 자신감을 갖게 해, 설득과 정책 추진에 힘을 주고 대통령의 의도대로 정국을 이끄는 원동력이 된다. 반면 인기가 없는 대통령이 벌이는 정책이나 법안에 대해서는 야당이 깐깐하게 나가거나 때로는 좌초시켜버린다. 지지율이 낮은 대통령이 추진하는 정책은 야당의 반대에 부딪히는 것은 물론이고, 때로는 같은 편인 여당으로부터도 비판을 받기도 한다. '말빨' 이 통하지 않으니 일이 제대로 되지 않는다. 심지어 의회에서 탄핵을 받아 대통령직에서 쫓겨나거나 여당 안에서 '반란' 이 일어나 물러나기도 한다. 지지율이 최소 30%는 넘어야 정책을 제대로 추진할 수 있다는 것이 정치권의 통설이다. 따라서 대통령이 법안과 정책을 추진할 때는 지지율을 가능한 한 높게 유지할 필요가 있다.

선거를 승리로 이끄는 기반

● 2010년 5월 이명박 대통령의 지지율은 44.4%였고, 6.2 지방선거에서 참패했다. 텃밭인 경상남도와 강원도에서도 졌다.

● 2010년 4월 고든 브라운 영국 총리의 지지율은 29%였고, 그해 5월 총선에서 집권 노동당은 패배했다. 13년 만에 정권은 보수당으로 넘어갔다.

대통령의 지지율이 낮으면 선거에도 불리하기 때문에 여당 후보가 속절없이 떨어지기 일쑤다. 대통령에 대한 유권자들의 평가는 다음 대선에서 재임 중인 대통령 혹은 여당 대통령 후보의 승리 여부에 영향을 준다. 대통령의 지지율은 현 정부에 대한 국민의 평가이자 다가오는 선거에서 국민이 보여줄 모습에 대한 암시다. 지지율을 통해 다음 대선에서 국민이 여당 대통령 후보를 선택할지 아니면 야당 후보를 선택할지 웬만큼 짐작할 수 있다. 한국은 대통령 단임제를 채택했고 모든 대통령의 지지율이 임기 말에는 매우 낮다. 따라서 지지율은 새로운 대통령을 뽑는 대선보다는 대통령 재임 중에 치러지는 총선에 영향을 더 준다. 총선을 대통령에 대한 중간평가로 보는 것도 이런 맥락에서 이해할 수 있다.

미국은 주별로 정치성향이 분명해 동부와 서부의 해안은 민주당, 내륙은 공화당이란 공식이 성립하는 나라로 투표 결과도 이런 공식에서 크게 벗어나지 않는다. 그러나 지역적 이념과 그에 따른 투표 성향도 대통령의 지지율이 매우 높거나 낮을 때는 그 영향력이 현저히 떨어진다. 2010년 11월 치러진 미국 중간선거에서 이런 모습이 나타났다. 중간선거는 대선 2년 후에 열리는 선거로 하원의원 전원과, 상원의원 3분의 1, 주지사, 주의원 등을 뽑는 선거다. 미국 중간선거에서 나타난 중요한 특징 중의 하나는 여당이 중간선거에서 대부분 하원의석을 잃는다는 점이다. 1862년 이후 현재까지 여당이 중간 선거를 통해 하원의석수를 늘린 적은 단 2번뿐이었다. 나머지는 평균적으로 37.5석을 잃었다. 이렇게 중간선거에서 어려움을 겪고 있는 여당의 의석 상실 정도는 대통령의 지지율과 매우 깊은 관계가 있다. 대통령의 지지율이 높으면 여당은 적은 수의 의석을 잃지만 지지율이 낮으면 여당은 상당히 많은 의석을 잃는다.

2010년 11월 미국 중간선거 직전 민주당 소속인 버락 오바마 대통령의 지지율은 40%를 오르락내리락했다. 취임 당시 80%에 이르던 지지율이 2년도 안 돼 반 토막이 났다. 특히 여론조사 응답자의 반수 이상이 오바마 대통령이 국민의 기대에 부응하지 않았다고 답했다. 또 오바마 대통령이 지지하는 후보에게 투표하겠다고 대답한 유권자는 37%에 그쳤다. 민주당에서도 낮은 지지율을 심각하게 생각했지만 마땅한 묘책을 내놓지 못해, 중간선거에서 참패할 것이란 관측을 스스로 내놓았을 뿐이다. 선거 결과 민주당은 텃밭인 해안 지역에서도 패한 곳이 많아 하원에서 60석 넘게 잃으면서 공화당에 완패를 했고 4년 만에 하원의 다수당이 공화당으로 넘어갔다. 상원과 주지사 선거에서도 공화당은 전통적인 민주당 우위 지역을 장악해 전국적인 영향력을 높였다.

안에서 새는 바가지 밖에서도 샌다

대통령과 총리가 자국을 위해 치열한 물밑 전쟁을 벌이는 외교에서도 지지율은 영향력을 발휘한다. 외교는 일국의 대표 간의 싸움이다. 이 때문에 그만큼 대표들의 발언에 무게가 실리고 대표들이 한 약속은 곧 그 나라 국민이 한 약속이 된다. 문제는 대통령 혹은 총리가 지지율이 낮다면 외교 현장에서 고전을 한다는 것이다. 국민 다수의 지지를 받지 못하는 대통령이 한 발언과 약속은 타국 입장에서는 그리 믿을 만한 것이 못 된다. 지금 약속을 하더라도 정권이 바뀌어 '부도 수표' 가 될 수도 있고, 설사 대통령이나 총리가 약속한 일이라도 야당과 국민의 반대로 무산되기도 하기 때문이다. 또 지지율이 낮은 대통령과 총리는 스스로 이런 한계를 알기 때문에 외교적인 결정을 할 때 망설이면서 자신 있게 결정을 하지 못한다. 외교보다는 국내 문제에 매몰되는 경향까지 보이기도 한다. 당연히 다른 나라들과 외교가 원만하게 될 리 없고 타국 정상들로부터 무시를 받는 상황이 벌어진다.

2010년 11월 서울에서 열린 G20 정상회의에서 국민의 지지가 허약한 대통령과 총리가 어떤 모습을 보이는지 확연히 드러났다. 정상회의 참가 전 미국의 버락 오바마 대통령은 낮은 지지율로 고전했다. 아프가니스탄과 이라크 전쟁이 장기화된 탓도 있지만 10%에 이르는 높은 실업률이 가장 큰 원인이었다. 취임 초의 인기는 간데없고 미국 내 여기저기서 불평과 불만이 쏟아졌으며, 지지율은 하락했다. 이런 외상을 안고 해외로 나온 오바마 대통령은 제대로 된 외교력을 보여주지 못했다. 금융위기의 완전한 극복과 무역장벽의 해소라는 목적에서 열린 G20 정상회의였지만 일자리를 늘리는 데 실패했다는 국내의 비판을 의식한 오바마 대통령은 일자리를 늘릴 수 있는 이슈에만 집착하고 타국을 설득하거나 이슈를 조정하는 외교력을 발휘하지 못했다. 오히려 미국이 제시한 이슈에 독일과 중국 등이 반발하며 공세를 취해 오바마 대통령은 수세에 몰리기까지 했다.

1 지지율은 정부, 정부가 펼치는 정책, 대통령이 소속된 여당에 대한 신뢰와 연결된다.
2 지지율이 높아야만 야당을 설득해 대통령이 뜻을 펼칠 수 있다.
3 선거의 완패와 낮은 지지율은 밀접한 관계가 있다.
4 지지율이 낮아 국내에서 힘을 못 쓰는 대통령은 외교에서도 다른 나라에게 무시를 받는다.
5 낮은 지지율은 심지어 여당 내에서 반란을 불러오기도 한다.

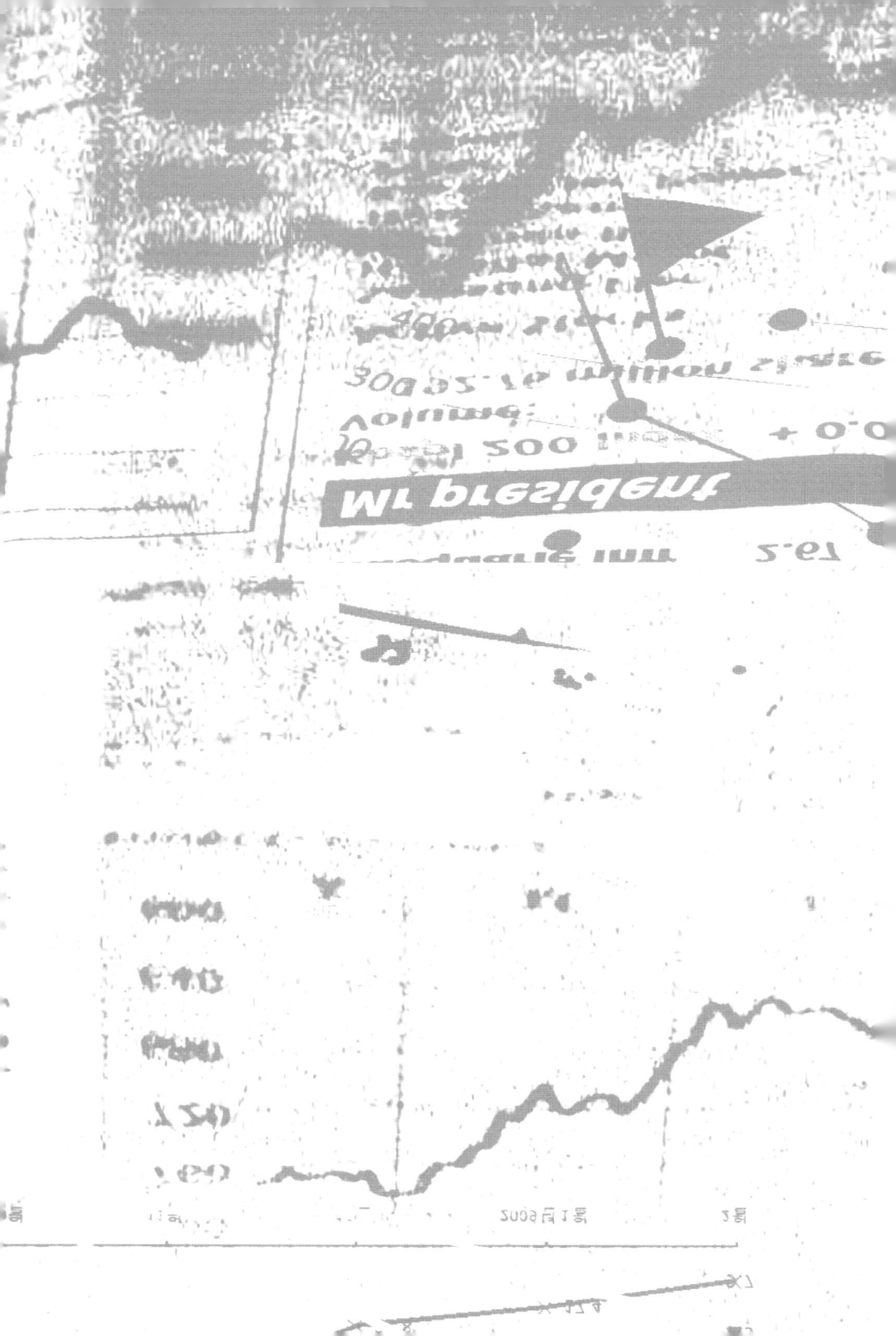

2

지지율 조사는 언제, 왜 시작됐나

매주 나오는 새로운 숫자

민주화가 가져온 한국의 지지율 조사

여론을 알아보려는 시도는 19세기 초까지 거슬러 올라간다. 당시 미국에서 대선 결과를 예측하려는 모의투표가 실시된 것을 기원으로 볼 수 있다. 다만 선거를 앞두고 사람들의 생각을 미리 알아본다는 의미만 있었을 뿐 인구나 지역, 계층 분포 등은 전혀 고려하지 않았다.

본격적인 여론조사는 20세기 초부터 시작됐다. 당시는 신문, 잡지들이 선거를 앞두고 앞 다퉈 여론조사를 실시했다. 그중에서도 인기 잡지이던 〈리터러리 다이제스트Literary Digest〉는 다양한 여론조사로 독자들의 인기를 모았다. 하지만 여전히 전체 인구나 계층 분포를 고려하지 않은 채 무작위로 표본을 뽑아서 한 조사로, 지금의 인터넷을 통한 여론조사와 비슷했다. 그저 우연히 연락이 되는 사람을 나이, 소득, 지역, 학력 등을 불문하고 조사하기만 하면 됐다. 인구 분포를 고려한 과학적인 여론조사는 1930년대에 등장한다. 1932년 대학 교수이던 미국인 조지 갤럽은 고민에 빠졌다. 장모인 올라 B. 밀러가 아이오와 주지사에 민주당 후보로 나서면서 도움을 요청한 것이다. 어떤 식으로든 도움을 주고 싶었지만 무엇을 할 수 있을지 마땅히 떠오르지는 않았다. 더구나 장모는 지명도가 낮아 경쟁자를 물리치기도 어려워 보였다.

갤럽은 아이오와 주립대학에서 공부하고 심리학 박사학위를 받은 뒤, 여러 대학에서 교수로 있으면서 저널리즘과 매스컴, 광고에 관해 10년 넘게 가르쳤고 광고회사에서도 일했다. 여론을 파악하고 다루는 공부를 해왔기 때문에 자신이 공부한 내용을 실무에 이용하고 싶었다. 유권자들의 마음을 정확히 읽을 수만 있다면 그들의 마음을 바꿀 수도 있다는 생각이 들었다.

장모의 선거를 돕기로 했지만 마땅한 방법이 떠오르지 않아 한동안 고민을 하던 갤럽은 새로운 아이디어를 얻을 생각에 자신이 쓴 박사논문을 훑어봤다. 사람의 선호도를 파악하는 수단에 관한 논문이었는데, 인구분포를 고려해 표본을 만들어야 한다는 현대 여론조사 방법의 핵심을 다룬 것으로 당시로서는 획기적인 내용이었다. 갤럽은 표본을 통해 전체 여론을 가늠할 수 있다는 전제 하에 면접을 통해 사람들을 성별, 소득, 이념성향, 지역 등에 따라 구분하고 실제 인구분포에 비례하도록 표본을 만들었다. 여론 동향을 주먹구구식으로 파악하던 기존 방법과는 다르게 전체 인구의 여론을 파악할 수 있는 표본을 만들었다. 이른바 '갤럽 방식' 이 탄생한 순간이었다.

그는 새롭게 개발한 방식으로 장모에 대한 여론의 선호도를 파악했고 그에 따라 선거운동을 수정하여 빠른 시일에 지지율을 끌어올렸다. 결국 승산이 없던 장모는 당당히 당선돼 민주당 최초의 여성 주지사가 됐다. 평범한 학자였던 갤럽은 여론조사에 과학을 도입했고 탁월한 결과를 내면서 순식간에 여론조사의 최고 권위자로 올라섰다. 자신감을 얻은 갤럽은 통계기법을 좀 더 가다듬어 1935년 미국여론조사연구소를 만들었다. 시사문제는 물론 라디오 프로그램이나 영화의 평가도 정

갤럽은 전 · 현직 대통령의 지지율 조사 결과와 다양한 분석 자료를 인터넷www.gallup.com을 통해 공개한다.

교하게 조사해 하나의 숫자로 제시하면서 여론조사 비즈니스의 기반을 만들었다. 어떤 분야라도 여론을 조사해 숫자로 보여주는 매력에 갤럽은 사로잡혔다.

갤럽은 프랭클린 루스벨트 대통령 재임시절인 1937년, 처음으로 대통령 지지율 조사를 시작했다. 상품 선호도, 방송 프로그램의 인기도 등 상업적인 여론조사를 주로 벌이다, 영역을 정치 분야로 확장하면서 대통령 지지율에 관한 조사를 했다. 갤럽이 드디어 여론조사를 활용해 대통령의 업무 수행 방식에 얼마나 많은 사람들이 동의하는지를 하나의 숫자로 만든 지지율을 발명해낸 것이었다. 처음에는 지지율이 국민이나 정치인은 물론 대통령으로부터도 별다른 관심을 끌지 못했다. 숫자 하나로 어떻게 여론을 판단할 수 있느냐는 비웃음도 있었다. 그러나 점차 지지율 조사 결과를 인용한 신문의 보도가 늘고, 사람들의 입에 자주 오르내리면서 갤럽의 방법은 주목을 받기 시작했다. 그 후, 정치권은 대통령 지지율이 공개될 때마다 이목을 집중했다.

매주 나오는 새로운 숫자

미국에서 대통령 지지율 조사가 처음 이뤄진 1937년과 그 후 7년간 지지율 조사는 비정기적이었다. 갤럽은 분기 혹은 특정 사건이 발생했을 때 대통령에 대한 국민의 지지 여부를 알아보려고 지지율을 조사했다. 불규칙적이었기 때문에 대통령의 지지율 흐름을 정확하게 파악하기는 어려웠다.

본격적인 지지율 조사는 1945년 해리 S. 트루먼 대통령 때부터 이뤄졌다. 질문 내용에는 변화가 없었지만 불규칙적으로 이뤄지던 조사가 한 달 주기로 반복해 이뤄지면서 하나의 연속적인 지지율 흐름을 파악하는 것이 가능해졌다. 매달 조사 보고서가 나오는 만큼 정치인들은 지지율 결과를 기다렸고 대통령도 정책을 결정하고 법안을 발의할 때 지지율을 의식했다.

시간이 흘러 1993년 빌 클린턴 대통령이 취임한 뒤부터는 지지율 조사의 빈도가 더욱 높아졌다. 클린턴 대통령은 미국 대통령 가운데 여론관리를 가장 잘한 대통령으로 꼽힌다. 갖가지 스캔들 속에서도 지지율을 높게 유지하면서 재선까지 한 대통령이다. 당연히 여론의 동향을 보여주는 지지율에 큰 관심을 보였다. 이런 대통령을 둔 상황에서 자신의 존재감을 드러내 인지도를 높이고자 한 여론조사기업들은 여론의 사소한 움직임도 파악하려 했고 그 결과는 여론조사 빈도의 증가로 나타났다. 한 달에 한 번이던 지지율 조사가 클린턴 정부 시절을 거치면서 한 달에 두 번, 예산안 처리 같은 관심사를 앞두고는 서너 차례 이뤄졌다. 그러던 것이 조지 W. 부시 대통령이 취임한 2000년 이후부터는 아예 매주 지지율 조사가 이뤄지고 있다. 마치 매주 인기가요 순위가 발표되듯이 매주 지지율 조사 결과가 나온다.

민주화가 가져온 한국의 지지율 조사

한국에서 대통령 지지율 조사의 시작점은 노태우 대통령 때다. 1987년은 한국의 민주화가 시작된 해다. 생명을 연장하려던 군부정권이 학생은 물론 직장인, 주부까지 나선 저항에 부딪혀 역사의 뒤로 사라졌고, 대통령을 국민이 직접 뽑을 수 있는 길이 열렸다. 노 대통령은 비록 군인 출신으로 군부독재 정권과 연결돼 있었지만 민간 정치인으로 변신해, 국민의 직접적인 선택으로 1988년 대통령 자리에 오른 민주주의 국가의 지도자였다. 지지율 조사는 이런 배경에서 시작됐다. 과거 같으면 '불충' 이란 이유로 처벌을 받았을 일이지만, 민주화 덕분에 지도자를 선택하고 평가한다는 생각이 자리를 잡아 여론조사기업들은 대통령 지지율 조사를 당당히 할 수 있었다. 민주화 초창기였던 만큼 대통령이나 정치권이나 여론 동향에 그리 민감하지는 않았고 지지율 조사 역시 매달 나오지는 않았다. 여론조사기업들은 분기별, 혹은 중요한 이슈가 부각됐을 때 지지율을 조사했다.

주기적인 지지율 조사는 1993년 김영삼 대통령이 취임한 뒤부터 이뤄졌다. 오랜 군부 통치를 종식한 첫 민간인 대통령으로서 '문민정부'를 세웠다. 국민의 의사가 어떤 시절보다 존경받던 때인 만큼 지지율 조사도 자주 실시됐다. 간혹 건너뛴 달도 있지만 거의 매달 지지율이 나왔다. 그리고 이때부터 언론을 통해 대통령 지지율이 크게 보도되기 시작했다. 이후 김대중, 노무현 대통령을 거치면서 월례 지지율 조사는 확고하게 자리 잡았고, 지지율 조사를 하는 여론조사기업도 늘었다. 이명박 대통령 취임 이후에는 상당수 여론조사기업들이 미국에서처럼 지지율을 주간 단위로 조사해 발표하고 있다.

지지율 조사를 할 때 조사 대상 유권자들은 다양한 기준을 통해 선택된다. 남자와 여자가 거의 동수로 구성되고, 나이도 20대부터 50대 이상까지 연령별 인구분포에 맞춰 배정된다. 또 교육수준, 직업, 지역, 거주지가 도시인지 시골인지 등의 기준에 따라 조사 대상을 고른다. 이런 기준은 실제 인구분포에 가장 근접한 표본을 만든다는 의미도 있지만 조사를 마친 뒤 결과를 뽑아낼 때 이런 기준에 따라 지지율에 어떤 차이가 있는지를 분석할 때도 쓰인다.

1 현대적 지지율은 1930년대 미국에서 등장했다.

2 처음에는 비정기적으로 조사가 이뤄지다 한 달에 한 번으로 늘었고, 이제는 매주 지지율 조사가 이뤄진다.

3 한국의 지지율 조사는 1987년 민주화를 거쳐 시작됐다.

대통령 지지율 조사 결과표

자료 = 한국갤럽, 일부 내용 편집

조사개요

- 자료제목 : 대통령 지지도
- 조사대상 : 만 20세 이상 성인 남녀
- 표본추출 : 무작위 추출
- 조사시기 : ○○○○/○○/○○
- 조사지역 : 전국
- 표본크기 : 1048
- 조사방법 : 전화조사
- 표본오차 : +/-3.0%P(95% 신뢰수준)

질문

○○님께서는 요즘 ○○○대통령이 대통령으로서의 직무를 잘 수행하고 있다고 보십니까? 혹은 잘못 수행하고 있다고 보십니까?

		사례수	잘 하고 있다 %	잘 못하고 있다 %	보통이다 %	모름/무응답 %	계 %
전 체		(1048)	32.5	55.0	6.8	5.7	100.0
성 별	남 자	(517)	36.8	54.7	4.8	3.6	100.0
	여 자	(531)	28.2	55.4	8.7	7.7	100.0
연 령 별	20 대	(233)	41.1	54.3	2.1	2.4	100.0
	30 대	(261)	38.8	48.4	8.3	4.5	100.0
	40 대	(241)	23.7	63.3	5.8	7.2	100.0
	50대 이상	(313)	27.5	54.7	9.7	8.0	100.0
교육수준별	중졸 이하	(143)	31.1	51.5	10.5	6.8	100.0
	고 졸	(370)	25.9	59.1	9.7	5.4	100.0
	대재 이상	(535)	37.4	53.2	3.8	5.7	100.0
직 업 별	농/임/어업	(61)	41.0	43.7	12.2	3.1	100.0
	자 영 업	(145)	17.3	72.4	6.6	3.7	100.0
	블루 칼라	(113)	40.4	48.3	7.4	3.9	100.0
	화이트칼라	(222)	40.9	50.3	4.2	4.7	100.0
	가정 주부	(311)	24.5	56.3	8.3	11.0	100.0
	학 생	(97)	49.5	46.8	1.7	2.1	100.0
	무 직	(99)	29.7	59.3	9.3	1.8	100.0
지 역 별	서 울	(228)	29.3	57.7	6.5	6.5	100.0
	인천 l 경기	(265)	32.5	57.8	5.2	4.5	100.0
	강 원	(34)	28.6	40.2	17.6	13.6	100.0
	대전 l 충청	(106)	41.5	49.0	5.0	4.5	100.0
	광주 l 전라	(116)	44.5	39.1	8.3	8.2	100.0
	대구 l 경북	(116)	24.1	62.0	7.4	6.6	100.0
	부산 l 울산 l 경남	(172)	28.9	60.5	7.4	3.2	100.0
	제 주	(11)	40.9	45.5	4.5	9.1	100.0
지역크기별	대 도 시	(507)	32.2	53.8	8.0	6.0	100.0
	중소 도시	(447)	32.0	57.2	5.1	5.8	100.0
	읍 l 면	(94)	36.4	51.3	8.4	3.9	100.0
원 적 별	서 울	(52)	25.4	54.4	12.9	7.3	100.0
	인천 l 경기	(79)	34.0	55.5	5.8	4.7	100.0
	강 원	(54)	35.6	55.0	1.0	8.4	100.0
	대전 l 충청	(190)	35.8	53.7	6.9	3.6	100.0
	광주 l 전라	(254)	41.4	43.0	9.7	5.9	100.0
	대구 l 경북	(181)	26.3	62.2	5.9	5.6	100.0
	부산 l 울산 l 경남	(166)	26.4	65.5	3.0	5.0	100.0
	제주 l 이북 l 기타	(71)	22.3	58.8	8.2	10.7	100.0

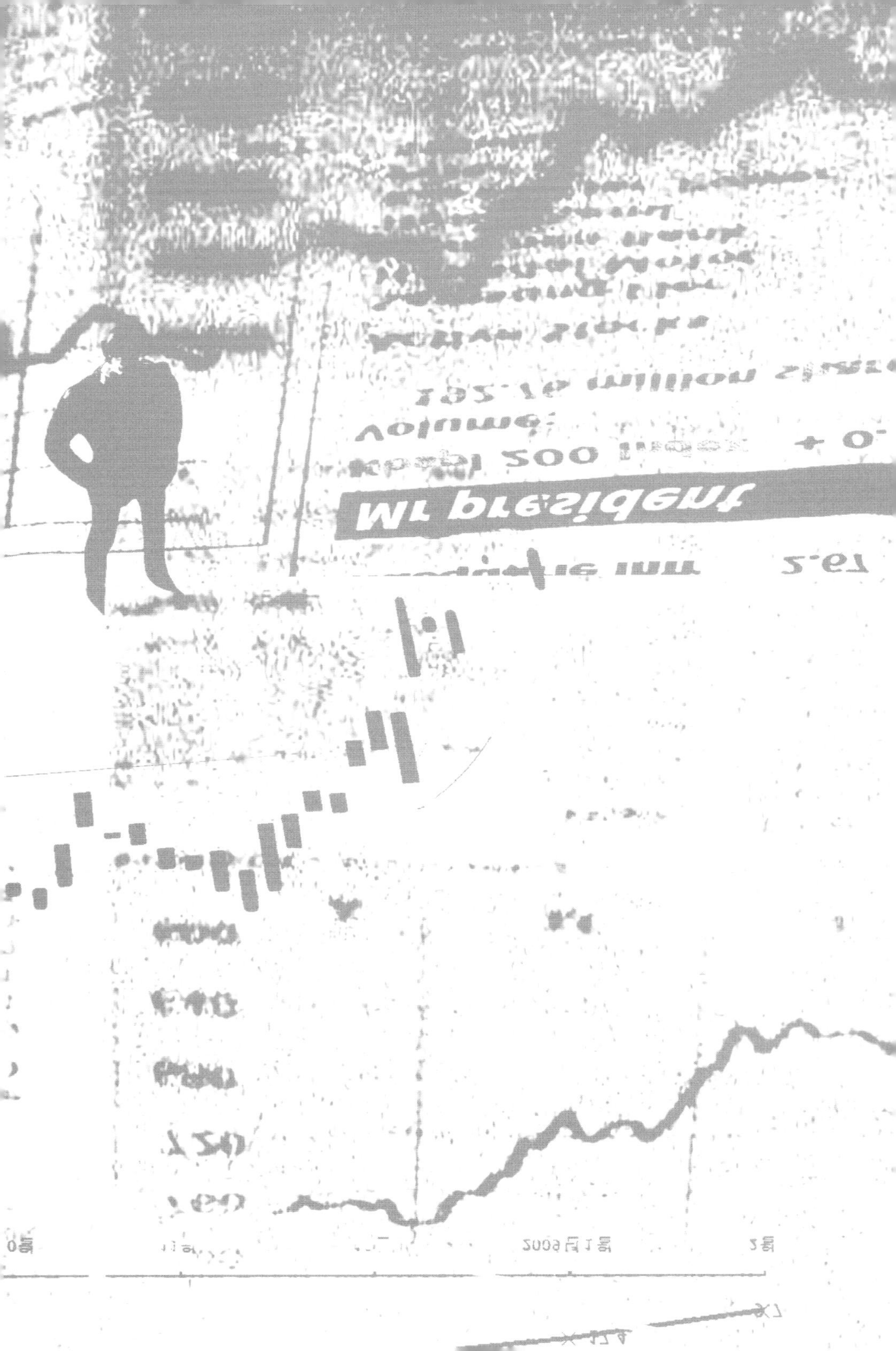

3

눈 감으면 코 베어가는 지지율 조사

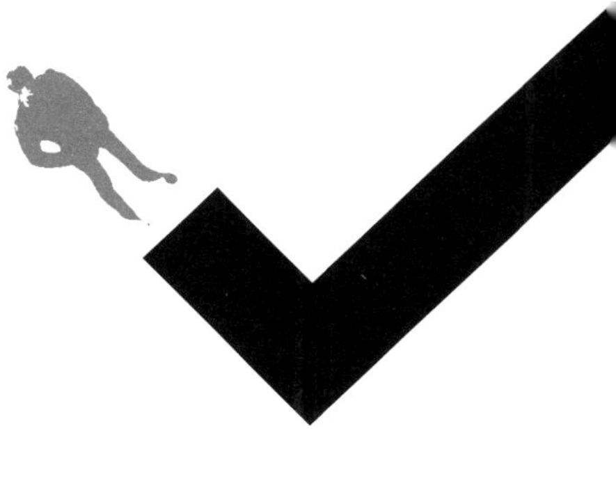

다다익선이 안 통하는 지지율 조사

질문의 차이는 평가의 차이

'보통'과 지지율

프레이밍을 사용하면 지지율이 달라진다

지지율 조사는 논리적이고 과학적으로 이뤄진다고 알려져 있다. 통계 기법을 이용해서 샘플을 고르고 엄선된 질문과 응답항목으로 여론을 파악하는 것으로 여겨진다. 하지만 지지율 조사가 정말로 국민의 의사를 정확히 파악하고 있을까? 여론조사는 민감하다. 단어 하나, 문구 하나에도 영향을 받는다. 어떻게 묻느냐에 따라 지지율이 오르락내리락 한다. 지지율은 여론의 현주소를 보여주는 지표지만 사소한 차이와 은밀한 의도에 따라, 결과가 실제 여론과 동떨어져 나오기도 한다.

'지지' 라는 말은 어떤 사안이나 인물의 행동에 대해 찬성하면서 도움을 준다는 의미다. 쉽게 말하면 특정한 사안 혹은 인물을 '밀어준다' 는 뜻이다. 영어로는 'support' 가 된다. 따라서 대통령 지지율이 70% 라고 할 때 직관적으로 '대통령을 밀어주는 국민이 70%나 되는구나' 라는 생각이 떠오른다. 대통령 지지율 조사에서 희한한 점은 지지율 조사라고 하면서 막상 질문은 "OOO대통령을 지지하십니까?" 라고 묻지는 않는다는 것이다. 여론조사기업들이 사용하는 질문은 다음과 같다.

> 선생님께서는 ○○○대통령이 대통령으로서 일을 잘하고 있다고 생각하십니까, 잘못하고 있다고 생각하십니까? — 리서치앤리서치
>
> ○○님께서는 요즘 ○○○대통령이 대통령으로서 직무를 잘 수

행하고 있다고 보십니까? 혹은 잘못 수행하고 있다고 보십니까?

— 한국갤럽

미국의 지지율 조사에서 등장하는 질문은 아래와 같다.

Do you approve or disapprove of the way the president OOO is handling his job as president? — Gallup

어떤 문장에서도 '지지한다support'는 없다. 그런데도 여론조사기업이나 언론은 관행적으로 지지율 혹은 국정지지도라는 말을 쓴다. 그저 잘하고 있다고 보는지, 잘못한다고 보는지를 묻고서는 잘한다고 본다는 대답을 모아서 지지율로 포장을 하는 셈이다. 이런 문제에 대해 중앙일간지 정치부 기자들은 긍정평가나 지지율이나 같은 뜻인데, 지지율이 더 간결한 표현이라서 사용한다고 말한다. 그러나 국정운영 방식을 긍정적으로 보는 것과 지지하는 것은 엄격히 말하면 다르다. 지지를 하지 않더라도 대통령의 국정운영을 긍정적으로 볼 수 있고, 지지를 하더라도 부정적으로 볼 수도 있다. 대통령 지지율이란 표현을 관행적으로 쓰고는 있지만 정확하게 말하면 대통령 국정운영에 대한 '긍정평가 비율'이다.

다다익선이 안 통하는 지지율 조사

1936년 미국 대선을 앞두고 인기잡지인 〈리터러리 다이제스트 Literary Digest〉는 야심찬 여론조사를 실시했다. 가능한 한 많은 유권자를 조사할수록 대선 후보의 당선 가능성을 더욱 정확하게 예측할 수 있다는 가정 하에 무려 1000만 명에게 후보자의 지지 여부를 물어보는 설문지를 발송했다. 다다익선이라고 생각한 것이다. 이들 1000만 명은 전화가입자와 자동차 소유주 명부를 활용해 확보했는데 최종적으로 230여만 명이 답변을 했다. 지지율 집계 결과 공화당의 앨프리드 랜던 후보가 57%, 현직인 프랭클린 루스벨트가 43%로 나왔다. 큰 표 차로 정권교체를 예상하는 결과였다. 하지만 막상 대선의 결과는 오히려 루스벨트가 62%의 득표율로 압도적으로 승리했다.

가장 정확한 여론조사의 방법은 전수조사, 즉 모든 유권자를 다 조사하는 것이다. 그러나 시간이나 비용을 고려하면 전수조사는 불가능하다. 더구나 선거를 앞둔 여론조사에서 전수조사를 한다는 것은 바로 선거를 하겠다는 의미가 된다. 이 때문에 전체 유권자 중 일부만을 뽑아 여론조사를 한 뒤 그 결과로 전체 여론을 갈음한다. 〈리터러리 다이제스트〉가 확보한 표본 230여만 명은 엄청나게 많은 수다. 유권자를 많이 조사했으니 직관적으로는 정확한 답이 나와야 했지만 예측은 완전히 빗나갔다. 이유는 표본을 잘못 골랐기 때문이다.

전화가입자와 자동차 소유주만을 대상으로 했다는 점이 문제였다. 당시만 해도 전화와 자동차는 중산층 이상만 가질 수 있었다. 이들은 공화당 지지 성향이 다수였다. 이들 중에서 표본을 골랐으니 당연히 공화당 후보의 지지율이 높게 나왔다. 인구 비례와는 동떨어진 표본이었다는 점도 문제였다. 수백만 명을 조사했다지만 많기만 했을 뿐이고, 특정 지역에서 대량으로 응답자가 나와 미국의 지역별 인구 분포와는 거리가 있었다. 두 눈을 가리고 코끼리의 다리만 한참을 만져 보고는 코끼리가 큰 나무처럼 생겼다고 말한 셈이다.

현대 여론조사에서는 보통 800~1000명 정도밖에 안 되는 표본을 만들어 지지율을 조사한다. 하지만 다양한 기준을 고려해 전체 인구분포와 흡사하게 표본을 뽑아낸 뒤 조사가 이뤄지기 때문에 전수조사에 근접한 결과를 얻을 수 있다. 코끼리의 각 신체 부위를 짧은 시간이지만 골고루 만져 볼 수 있다면 좀 더 정확한 코끼리의 모습을 그릴 수 있는 것과 같다.

이런 장점에도 불구하고 현대 지지율조사 역시 표본과 관련된 문제를 갖고 있다. 여론조사는 보통 전화번호부에 등재된 사람을 대상으로 무작위로 전화를 거는 방식으로 이뤄진다. 유선전화로 이뤄지다 보니 사람이 집에 있어야 응답자가 된다. 문제는 연령에 따라 전화를 받는 계층이 주로 정해져 있다는 것이다. 여론조사가 이뤄지는 평일 낮 집에는 주로 주부, 무직자, 50대 이상 은퇴자 등이 있는데, 이들은 전화도 잘 받는다. 반면 20대 젊은 세대와 직장인은 밤늦게 귀가하는 사람들이 많아 전화를 받을 확률이 낮다. 최근에는 이를 감안해 휴대전화로 설문조사를 벌이기도 하지만 전화 연결이 되더라도 여론조사라는 소리를 들으면 바로 끊어 버리는 경우가 허다하다. 이렇다 보니 여론조사기관마다 20~30대 응답자를 찾기가 50대 이상과 통화하는 것보다 몇 배는 어렵다는 말이 나온다. 여론조사 시기가 평일 낮일 경우에는 응답률도 저조하다.

이런 현실을 고려해서 여론조사기관들이 흔히 사용하는 방법이 가중치 보정이다. 지지율 조사를 위해 1000명의 표본이 필요할 때 연령과 성별, 지역 등에 맞춰 전체 인구 구성과 가장 유사하게 표본을 추출한다. 경기도 30대 직장인 남자 10명, 강원도 40대 농민 여성 2명 등이다. 1000명을 확보하기 위해 수천 통의 전화를 해서 연결을 시도한다. 문제는 20대처럼 연결이 어려운 인구는 미리 정해진 표본만큼 확보할 수가 없다는 점이다. 서울 남성 20대 8명을 조사해야 하는데 4명밖에 하지 못했다면 이들의 응답에 2를 곱해 마치 8명이 응답한 것처럼 만든다. 나름 타당한 조치지만 만약 응답한 4명이 대통령을 긍정적으로 평가했다면 가중치 탓에 서울의 20대는 모두 대통령을 긍정적으로 본다는 결과를 만든다. 또 최근 들어 집 전화가 없는 집과 맞벌이 집이 증가하고 있고, 인터넷 전화로 바꾸는 사람이 많지만 이들은 조사대상에 포함되지 않고 있다는 점도 문제다.

대면 접촉이 아닌 전화로 이뤄지는 여론조사는 조작의 대상이 되기도 한다. 전화를 안 받으면 다음 사람에게 자동으로 연결되는데 이 과정에서 조작의 유혹에 빠질 때가 많다. 대표적인 사례가 충남 아산시장 후보 경선의 지지율 조사다. 선거 운동원 한 명이 2010년 4월 초 아산

시장 경선을 앞두고 특정 후보를 당선시키기 위해 KT 아산지사에 착신 전화 508대를 개설했다. 그는 508대 전화를 유선전화 1대로 착신 전환한 뒤 1차 여론조사 때는 60여 통, 2차 여론조사 때는 50여 통의 전화를 받아 여론조사에 영향을 미친 것으로 드러났다. 아산에 등록된 유선전화는 4만5000대 정도지만 실제 경선 응답률은 6%밖에 되지 않아 500여 대만 설치해도 여론조사에 큰 영향을 줄 수 있었다.

질문의 차이는 평가의 차이

● 선생님께서는 OOO 대통령이 국정수행을 얼마나 잘하고 있다고 생각하십니까?

대통령의 국정운영을 평가하는 질문이라는 점에서는 앞의 질문들과 같지만 '얼마나'란 부사가 추가됐다는 점이 다르다. 얼마나 잘하냐고 묻는 것은 이미 대통령이 국정운영을 잘하고 있다는 기본전제가 깔려 있다. 대통령은 이미 일을 잘하고 있는데 당신이 보기에는 얼마나 잘하고 있는 것 같으냐고 묻는 질문이다. 의미를 곱씹지 않는 한 사람들은 '매우 잘한다' 혹은 '잘한다'는 응답항목을 고르기 십상이다. 부사 하나가 추가돼 결과를 전혀 다르게 만들 수 있다.

지지율 조사 결과라는 이름으로 똑같이 발표되지만 여론조사기업에 따라 전혀 다른 질문을 한 경우도 있다. 2006년 2월 노무현 대통령 취임 3주년을 맞아 여론조사업체와 언론사 다수가 대통령 지지율을 조사했다. 대부분 현재의 국정운영을 평가하는 질문이었지만 일부는 좀 다른 질문을 던졌다.

노무현 대통령이 취임한 지 3년이 됩니다. 선생님께서는 노 대통령이 3년 동안 국정운영을 얼마나 잘했다고 혹은 잘못했다고 생각하십니까?

현재 대통령의 국정운영을 평가하라는 것이 아니라 지난 3년간 대통령이 일을 잘했는지는 묻는 내용이다. 즉 현재에 대한 평가가 아니라 지나간 과거에 대한 평가를 요구했다. 시점이 다른 만큼 평가 역시 다를 수밖에 없다. 하지만 이런 질문을 통해 나온 조사 결과는 대통령 지지율이라는 이름으로 공개됐다. 대개 한국인들은 과거에 대해서는 후하게 현재에 대해서는 박하게 평가하는 경향이 있다. 실제로 이 조사에서 현재를 평가하는 질문에서는 긍정 비율이 20%대로 저조했지만 과거를 평가하는 질문에서는 30%를 넘는 긍정 비율이 나왔다.

'보통'과 지지율

또 다른 문제는 응답 항목에 있다. 가상 상황을 하나 생각해보자. 식품 회사가 새로 개발한 음료의 시음 행사를 열었다. 회사에서는 고객들에게 신제품을 한 잔 주고 맛을 평가하도록 했다. 경쟁사 음료와 비교해 맛이 어떤지를 묻는 질문이었고 응답 항목은 네 가지다.

① 훨씬 더 맛있다

② 더 맛있다

③ 더 맛없다

④ 훨씬 더 맛없다

한 가지 항목을 고르도록 했는데 결과는 "맛있다"매우 맛있다 포함는 응답이 60%로 절반을 넘었다. 마케팅 담당자는 제품의 성공을 확신하고 출시를 서둘러야 한다고 주장했다. 하루 뒤, 똑같은 음료를 가지고 시음 행사를 다시 열었다. 질문은 같지만 응답 항목에 약간 손질을 가했다.

① 훨씬 더 맛있다

② 더 맛있다

③ 보통이다(혹은 비슷하다)

④ 더 맛없다

⑤ 훨씬 더 맛없다

그러자 하루 전 조사와는 달리 맛있다는 응답은 45%로 절반에 못 미쳤다. 보통이라는 항목 하나가 60%이던 선호도를 45%로 낮췄다. 결국 그 제품의 출시는 연기됐다. '보통이다' 라는 항목이 추가됐다고 결과가 달라졌다는 것이 터무니없어 보이는가? 이런 가상 상황 같은 일이 지지율 조사와 관련해서 비일비재하게 일어난다. 전화로 이뤄지는 여론조사에서 어떤 여론조사업체는 '보통이다' 라는 항목을 아예 빼버리거나, 항목으로 두고는 있지만 응답자에게 선택할 수 있다는 사실을 알려주지 않는다. 반면 어떤 곳은 '보통이다' 를 응답항목으로 제시한다. 사소해 보이지만 이 차이는 지지율에 큰 격차를 만든다. 2009년 9월 한 여론조사기업은 '보통이다' 가 빠진 응답 항목을 제시하면서 지지율 조사를 했다.

① 매우 잘하고 있다

② 대체로 잘하고 있다

③ 대체로 잘 못하고 있다

④ 매우 잘 못하고 있다

대통령의 지지율이 53.8%로 나왔지만 비슷한 시기에 다른 여론조사기관이 '보통이다' 를 포함해 5개 항목으로 질문을 했더니 지지율이

34.4%까지 떨어졌다. 역대 대통령의 지지율에서도 '보통이다' 가 포함됐을 경우 지지율이 낮게 나타났다. 설문조사에서 응답자의 판단이 늘 쉬운 것은 아니다. 명백한 상황보다는 이런 것 같기도 하고 저런 것 같기도 한 상황이 더 많다. 지지율 조사에서도 마찬가지여서 대통령에 대한 판단이 명확하지 않을 수 있고 이 때문에 '보통' 을 고르게 된다.

항목이 3개로 구성되는 경우도 눈여겨봐야 한다. 응답자의 정교한 판단을 방해하기 때문이다.

① 잘하고 있다

② 보통이다

③ 잘 못하고 있다

3개 항목들만 고를 수 있을 경우 '보통이다' 라는 응답이 5개 항목이 있을 때보다 훨씬 많이 나온다. 대통령이 아주 잘하고 있지는 않아도 몇몇 경우는 잘하기도 한다고 생각하는 응답자에게 자신의 생각과 가장 비슷한 항목은 '대체로 잘하고 있다' 이다. 그러나 이 항목이 제외된 상황에서는 '보통이다' 가 가장 근사치의 답의 된다. 반대로 대통령이 아주 못하고 있지는 않아도 그리 만족스럽지도 않다면 응답자의 생각과 가장 가까운 응답은 '대체로 잘 못하고 있다' 일 것이지만 이 항목이 제외됐기 때문에 '보통이다' 를 고른다.

프레이밍을 사용하면 지지율이 달라진다

업무상 혹은 개인적으로 새로운 사람을 만날 때가 있다. 미리 정보를 얻고자 자료도 찾아보고 그를 잘 아는 사람에게서 평판을 들어본다. 대개는 중립적인 정보를 얻는 데 그치지만 간혹 아주 나쁜 평판을 듣곤 한다. "인간이 악질이다" 혹은 "너무 가까이 지내봐야 득이 될 것이 없다"는 등이다. 구체적인 사례까지 곁들여지면 그 사람에 대한 평판은 더욱 진실이 된다. 이런 평판을 배경에 깔고 만나면 그 사람의 말이나 행동이 자꾸 평판과 겹쳐 들리고, 보인다. 그의 말과 행동을 '뭔가 꿍꿍이가 있겠지'라며 미심쩍게 받아들인다. 자연히 그 사람을 만난 뒤에도 평가가 좋을 리 없다. 프레이밍 혹은 프레임 효과는 인물이나 이슈의 특정 측면을 부각시켜 사람들의 이해와 의견에 영향을 주는 현상을 말한다. 위의 예에서 사전에 들은 부정적인 평판이 나쁜 평가로 이어지는 것은 프레이밍 때문이다. 프레이밍은 여론조사에서 매우 쉽게 그 영향력을 발휘할 수 있다.

나는 영국 유학시절 영국인들을 대상으로 프레이밍 실험을 한 적이 있다. 2012년 런던 올림픽이 영국에 가져올 효과를 물어보는 1대 1 대면 설문조사를 실시했다. 보통 설문조사와 다른 점은 응답자들을 두 그룹으로 나눠서 한 그룹은 설문을 하기에 앞서 런던 올림픽의 긍정적인 측면런던의 위상 제고, 관광수입 증가 등을 보여주는 기사를 읽게 했고, 다른 그룹은 부정적인 내용경제난 속에 과도한 비용 부담 등을 다룬 기사를 읽게 했다. 일종의 사전 배경 정보를 준 것이었다.

결과는 두 그룹이 확연한 차이를 보였다. 예컨대 "런던 올림픽이 영국 경제에 가져올 이득과 비용 중에 어느 것이 더 크다고 보느냐?"는 질문에 긍정적 뉴스를 접한 응답자 가운데 61.1%가 이득이 더 크다고 답한 반면 부정적 뉴스를 본 응답자 중에서는 80%가 비용이 더 크다고 말했다. 긍정적인 뉴스가 긍정적인 평가로, 부정적인 뉴스가 부정적인 평가로 이어지는 프레이밍이 나타났다. 대통령 지지율 조사에서도 프레이밍이 영향을 발휘할 수 있다. 여론조사기업들은 돈과 힘이 많이 들여 유권자들과 접촉했는데 달랑 한 가지 질문만 하지는 않기 때문이다. 문제는 지지율을 여러 질문 가운데 어디에 배치하는가에 따라 지지율이 달라질 수 있다는 점이다.

예를 들어 도덕성이 논란이 되는 총리 후보자에 대한 찬반을 묻는 질문을 한 뒤 곧바로 대통령의 국정운영에 대한 평가를 묻는다면 과연 어떤 결과가 나올까? 문제성 인사를 대통령이 총리로 지명했다는 점이 강조된 셈인데, 십중팔구는 대통령에 대한 부정적 평가가 늘어난다.

1 지지율 조사는 실제로는 대통령의 국정 수행에 얼마나 만족하는지 묻는 조사다.

2 조사대상이 많다고 정확한 지지율을 알 수 있는 것은 아니다. 인구분포와 잘 맞아떨어지는 것이 중요하다.

3 어떤 상황에서 질문하는가도 지지율 조사 결과에 영향을 준다. 좋은 이야기를 먼저 보여준 뒤, 질문을 하면 지지율이 올라간다.

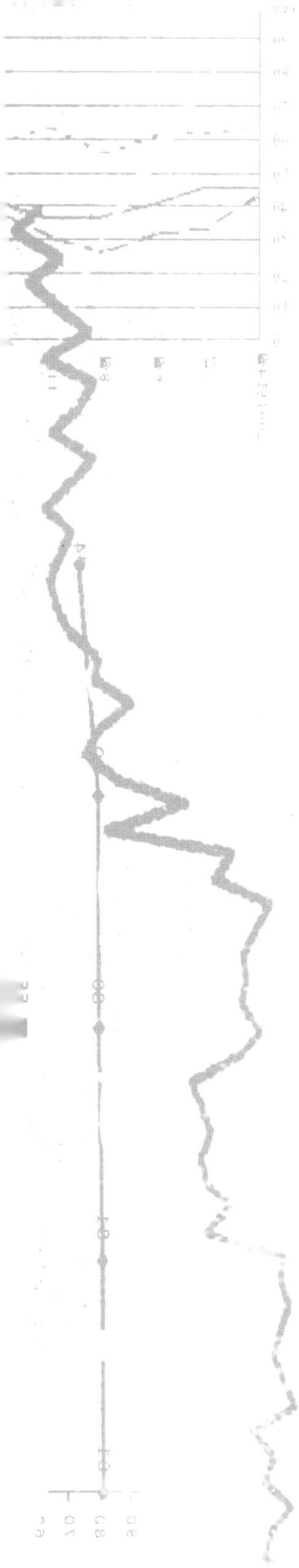

4

대통령 지지율, 하락은 숙명

지지율을 끌어내리는 소수파 결집

약화된 허니문

추락을 버텨낸 대통령

● 김영삼 대통령: 취임 후 첫 지지율 70.0%, 5년 임기 마지막 지지율 14.0%

● 김대중 대통령: 취임 후 첫 지지율 80.3%, 5년 임기 마지막 지지율 34.9%

● 노무현 대통령: 취임 후 첫 지지율 75.1%, 5년 임기 마지막 지지율 26.6%

지지율에 대해 평소 관심이 없었던 사람이라도 위와 같은 수치를 보면, 지지율은 시간이 흐르면 하락하는 속성을 갖고 있다는 생각이 자연히 떠오르게 된다. 처음에는 높은 지지율로 시작하지만 임기가 지날수록 점점 낮아져 마지막에는 반 토막도 안 되는 지지율이 나오는 것이다. 시간이 흐르면 사람이 늙고 결국에는 죽는 것처럼 시간이 흐르면 지지율을 끌어내리는 중력이 커진다.

미국에서도 대통령의 지지율은 임기가 지날수록 하락한다. 조지 W. 부시 대통령은 9.11 테러 직후 지지율이 90%까지 치솟았지만 4년이 흘러 첫 번째 임기가 끝날 무렵에는 지지율이 40%에 그쳤다. 재선에 성공한 부시 대통령은 두 번째 임기의 첫 지지율이 57%였지만 임기 마지막 해 말에는 29%에 불과했다. 버락 오바마 대통령은 65% 지지율로 시작했지만 1년 반 만에 45%로 추락했다.

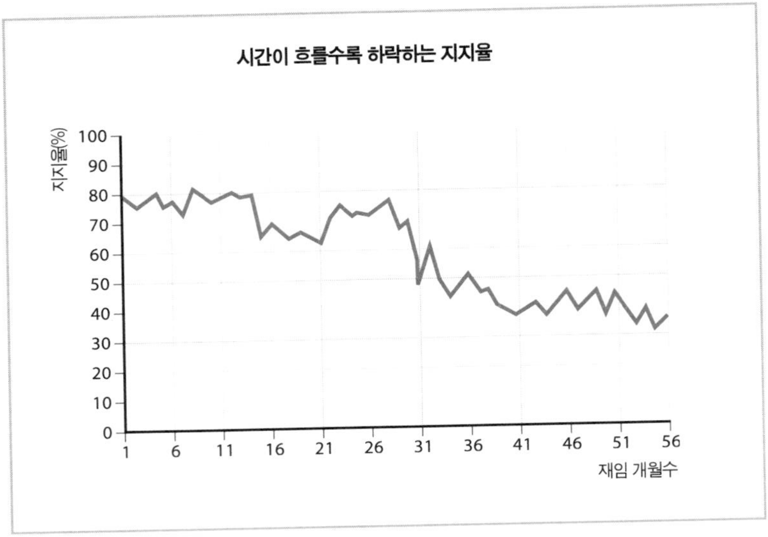

▌ 김대중 대통령 재임 중의 지지율이다. 간혹 상승할 때도 있지만 전반적으로는 하락세를 피하지 못했다. 자료=리서치앤리서치

지지율은 왜 떨어지는가? 그 이유를 알기 위해서는 허니문 현상부터 살펴봐야 한다. 대통령의 취임 초기에는 지지율이 매우 높다. 유권자들은 새 대통령이 취임할 때마다 기대를 갖고 맞이한다. 취임 직후에는 대통령이 업무를 시작한지 얼마 되지 않아서 야당이나 경쟁자의 비판도 많지 않다. 유권자도 새로운 대통령에 대해 긍정적인 시각으로 바라보는데 이는 높은 지지율로 연결된다. 이를 '허니문 현상' 혹은 '허니문 효과' 라고 한다. 허니문 현상은 말 그대로 갓 결혼한 신혼부부의 관계처럼 유권자와 새 대통령의 관계가 좋은 분위기로 시작한다는 의미다.

김영삼 대통령은 첫 지지율이 70%로, 전임자인 노태우 대통령의 임

기 말 지지율 11.9%를 한참 웃돌았다. 이런 현상이 이후 대통령에게도 나타났다. 현직 이명박 대통령도 첫 지지율이 53.2%로 노무현 대통령의 마지막 지지율 26.6%의 두 배였다. 미국에서도 현직 대통령의 첫 지지율은 전임 대통령의 마지막 지지율보다 매우 높은 것이 보통인데, 새로운 대통령이 취임하면 평균적으로 17%포인트 정도 상승한 상태에서 업무를 시작한다.

지지율을 끌어내리는 소수파 결집

그러나 허니문 현상의 '약발' 은 오래가지 못한다. 취임 직후의 지지율은 매우 높지만 지속되지 못하고 하강한다. 70%로 시작했던 김영삼 대통령의 지지율은 1년 뒤 33.7%로 주저앉았고, 53.2%로 출발한 이명박 대통령의 지지율은 1년 뒤 38.8%로 떨어졌다. 취임 초기에 지지율이 워낙 높게 형성되기 때문에 떨어지는 것이 자연스러운 것이라는 분석이 가능하다. '산이 높으면 골이 깊다' 는 식으로 생각할 수 있다.

허니문 현상에 대한 좀 더 정교하고 이론적인 분석이 시도됐다. 그 결과 '소수파 결집the coalition of minorities' 이란 이론이 등장했다. 소수파 결집이란 대통령의 재임기간이 길어질수록 대통령에게 반감을 갖는 사람들이 늘어나 점차 지지율이 하락하는 현상을 말한다. 대통령은 취임 이후 자신이 선거에서 내건 공약 말고도 다양한 정책을 추진하게 되는데, 그 과정에서 첨예한 갈등이 벌어지는 이슈를 다뤄야 하는 상황에 내몰린다. 대개 정부는 유권자 다수의 의견에 따라 문제를 해결하고, 이때 다수는 이익을 보지만 소수는 손실 혹은 손해를 본다. 문제는 대통령이 임기 동안 다양한 정책과 이슈를 다뤄야 하기 때문에 임기가 진행될수록 손실을 보는 무수한 소수 그룹이 생긴다는 점이다.

특정정책과 이슈에서 다수에 속해 이득을 본 그룹이라도 또 다른 정책과 이슈에서는 소수가 돼 손실을 보는 경우가 발생한다. 이런 소수 그룹들은 정부가 자신들에게 유리한 다른 정책을 실시하더라도 이미 본 손실 때문에 더 이상 대통령과 정부를 신뢰하지 않는 경향이 있다. 따라서 소수 그룹들은 대통령에게 반감을 갖게 된다. 대통령 임기가 지날수록, 다양한 정책이 계획되고 집행되면서 소수 그룹이 늘어나며, 이런 소수 그룹이 뭉쳐 다수를 이룬다. 자연히 대통령의 지지율은 하락한다. 이들 소수 그룹들이 의도적으로 세력을 형성하지는 않지만, 불만이 집단적으로 나타나 지지율에 반영된다. 따라서 대통령의 임기가 진행될수록 지지율은 하락한다.

소수파 결집은 노무현 전 대통령의 사례를 통해 확인할 수 있다. 노 전 대통령은 취임 직후부터 6개월까지 지지율이 급격히 떨어졌다. 75.1%로 시작한 지지율은 취임 100일 정도까지 70%대를 유지했지만, 이후 급락해 6개월 뒤에는 43%로 하락했다. 노 전 대통령의 집권 초 지지율 하락은 '편가르기식' 국정수행에 따른 결과로 볼 수 있다. 노무현 전 대통령은 취임 직후부터 이른바 '언론과의 전쟁'을 선포하고 기득권 혹은 권력기관을 손질하겠다고 나서면서 유권자들로부터 좋은 평가를 받기도 했다. 하지만 그만큼 노무현 전 대통령에게는 적이 많아졌다. 특히 다른 대통령과 달리, 집권 초기에 의욕적으로 많은 정책과 개혁과제를 내놓으며 공무원 사회를 몰아세웠다. 이는 각계각층의 반발을 사면서 지지율이 가파르게 하락하는 결과를 낳았다. 노무현 전 대통령이 집권 당시 '개혁 피로감'이란 말이 유행했는데, 유권자들이 느끼는 불만을 대변하는 말이다.

지지율 하락은 소수파 결집 말고도 대통령에 대한 환상이 점차 깨져 간다는 측면에서도 설명이 가능하다. 대통령 선거 기간 동안 후보자들은 실제 자신들이 할 수 있는 것보다 더 많은 것을 할 것이라고 공약을 하거나, 공약까지는 아니더라도 능력 밖의 일들을 할 수 있을 것처럼 행동해 유권자들에게 큰 기대를 심어준다. 하지만 이는 환상에 불과하다. 후보자가 실제 대통령에 당선된 뒤 취임해 국정을 운영해보면 선거 전 약속 중에 실현이 불가능한 것이 수두룩하다. 유권자들은 자연히 비판적이 되고 지지율은 하락한다.

미국의 린든 존슨 대통령은 베트남전을 확산시키지 않겠다고 사람들에게 약속하면서 대통령에 당선됐다. 사람들은 그가 베트남전을 조기에 끝내 미국인의 희생을 줄일 것으로 기대하며 그를 지지했다. 하지만 존슨 대통령은 1964년 대규모 군사작전을 벌여 전쟁을 오히려 확대시켰고 결과는 지지율 폭락으로 나타났다.

일본의 하토야마 유키오 총리는 2009년 큰 기대 속에 취임했다. 그의 공약 중에 오키나와의 후텐마 기지 이전이 있었다. 도심에 자리 잡은 미군 기지를 반드시 다른 곳으로 옮기겠다는 공약이다. 취임 초 그의 지지율은 기대 속에 70%를 넘었다. 하지만 미국과 협상이 생각대로 풀리지 않으면서 기지 이전 문제는 난항을 겪게 되었고, 이전 계획은 무산됐다. 여론은 악화됐다. 무능한 총리라는 비판이 쏟아졌고 지지율은 10%대까지 폭락했다. 결국 그는 취임 1년도 안 되어 총리직에서 물러났다.

일본 총리 관저 모습. 핵심 공약을 지키지 못한 하토야마 유키오 총리는
취임 1년도 안 되어 물러나야 했다.

레임덕은 소수파 결집과 깨진 환상이 만들어내는 현상이다. 대통령의 재임기간이 길어질수록 불만을 가진 소수 그룹이 많아지고, 유권자들이 대통령에 대해 갖는 환상은 산산이 부서진다. 이런 현상이 임기말에는 더욱더 강력해지고 이는 레임덕을 만든다. 실제로 한국이나 미국이나 공통적으로 재임기간이 길어질수록 지지율이 하락하고 대통령의 권위나 지시가 제대로 먹혀들지 않은 현상이 발생했다.

약화된 허니문

한국은 1993년 문민정부가 출범한 이후 지금까지 4명의 대통령을 뒀다. 대통령의 지지율이 대체적으로 임기가 진행될수록 하향 곡선을 만든다는 점에서는 공통점이 있지만, 최근 2명의 대통령은 임기 초반부터 지지율이 상대적으로 높지 않은데다 짧은 기간에 급격한 지지율 하락을 경험했다.

김영삼 대통령과 김대중 대통령은 각각 취임 첫해인 1993년과 1998년에 매우 높은 지지율을 유지했다. 김영삼 대통령은 첫해 1년간 평균

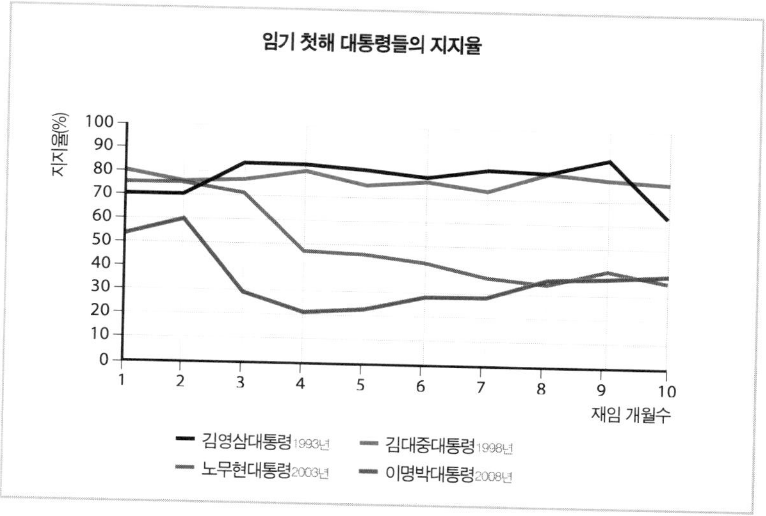

최근 대통령으로 올수록 임기 첫해 평균 지지율과 임기 첫달 지지율 모두 하락하는 모습을 보인다.
자료=리서치앤리서치

78.03%, 김대중 대통령은 평균 77.87%의 지지율을 기록했다. 물론 그 이후 지지율을 서서히 하락했지만 임기 첫해만큼은 허니문 현상이 뚜렷하게 나타났다.

이와 달리 2003년 이후 취임한 2명의 대통령의 지지율은 상당히 다른 모습이었다. 높은 지지율로 출발했지만 유지한 기간은 불과 수개월에 그쳤고 이후 지지율은 폭락했다. 노무현 대통령은 취임 첫해인 2003년에 지지율이 70%대를 3개월간 유지하다가 이후 꼬꾸라져 30~40%로 떨어진 뒤 회복을 못했다. 이명박 대통령은 더욱 빠른 하락을 맛봤다. 50%대로 출발한 지지율은 불과 2개월을 버티다 20%대로 폭락해 연말까지 20~30%에 머물렀다. 임기 첫해 평균 지지율을 보면 노무현 대통령이 50.45%, 이명박 대통령은 35.66%에 불과했다. 전임 2명의 대통령과 비교하면 허니문 효과는 잠시 스쳐 지나간 정도였다.

최근 대통령일수록 허니문 현상이 약화되는 것은 미국 대통령들에게서도 나타난다. 과거에 비해 최근의 대통령들의 임기 첫 지지율이 상대적으로 낮았다. 1960~70년대 대통령이던 케네디, 존슨, 닉슨, 카터 대통령은 70%대인 반면 1980년 이후 대통령인 레이건, 조지 부시, 클린턴, 조지 W. 부시 대통령의 지지율은 50%를 겨우 넘기면서 시작하는 경우가 많았다. 임기 전체의 평균 지지율에서도 1990년대 이후 대통령들은 그 이전 대통령보다 10% 정도 낮았다.

대통령이 바뀔수록 '허니문 현상' 이 옅어지는 일이 한국과 미국에서 벌어지는 이유는 무엇인가? 가장 큰 이유를 정부와 정치에 대한 전반적인 신뢰 상실에서 찾을 수 있다. 오늘날 대통령은 20세기 중반에 비해 인기가 별로 없는데, 그 배경에는 많은 사람들이 정부를 신뢰하지 않는다는 점이 있다. 과거에는 사람들이 정부를 안보, 치안, 보건 서비스 같이 꼭 필요한 서비스를 제공하는 원천으로 여겼지만 요즘은 정부를 덩치만 큰 관료집단으로 보면서 비효율적이고 세금만 축낸다고 여긴다. 이런 불만이 정부에 대한 신뢰를 떨어뜨렸고 대통령에게까지 여파가 미쳤다. 대통령은 가장 눈에 띄는 공무원이고 정부 그 자체로 인식되기 때문에, 사람들은 무능하고 비효율적인 정부를 대통령 탓으로 돌린다. 이런 이유로 정부에 대한 불신이 강해지고, 비판의 잣대가 날카로워져 약간의 불만만 있어도 대통령에게 등을 돌린다.

또 다른 이유는 미디어와 관련이 있다. 방송, 신문, 인터넷 뉴스 등 미디어 사이에 시청률, 독자 확보 경쟁이 치열해지면서 좀 더 자극적이고 선정적인 뉴스를 찾는 경향이 노골적으로 나타났다. 자연히 정치인에 대한 보도에서도 무미건조하거나 긍정적인 내용보다는 사람들의 주목을 끄는 자극적인 내용이 늘어났다. 미디어는 새로 취임한 대통령에 대해서 과거에는 호의적으로 보도를 했지만, 이제는 문제가 드러나면 곧바로 비판적인 공세를 취한다. 자연히 뉴스가 부정적으로 바뀌고 이런 뉴스를 자주 접하는 유권자들도 대통령에 대해 부정적으로 평가한다.

한국은 2000년대에 들어서 언론사 간의 좌우 이념적 성향 차이가 두드러져 같은 사안을 놓고도 성향에 따라 평가가 완전히 달라졌다. 일례로 정부 부처를 대거 충청도로 이전하는 내용이 골자인, 전 정부에서 마련한 세종시안에 대해 이명박 대통령이 수정안을 내놓은 것을 두고 한쪽에서는 상황 변화를 감안한 합리적인 결단이라고 칭송한 반면 다른 쪽에서는 전 정부가 국민에게 약속한 정책을 단숨에 뒤집는 배신이라고 혹평했다. 이렇게 이념적으로 분화가 이뤄지면서 대통령에 대한 평가가 극과 극으로 치닫고 이 과정에서 사람들은 부정적인 보도에 더욱 귀를 기울인다.

추락을 버텨낸 대통령

법칙에는 예외가 늘 있고 보편에는 언제나 특별이 존재한다. 대통령 지지율에서도 시간이 지날수록 추락한다는 중력의 법칙을 거부한 대통령들이 있다. 이들은 임기 초와 비슷한 높은 지지율을 상당히 오래 유지했거나 오히려 임기 말로 갈수록 지지율이 올랐다. 소수파의 결집 현상이 나타나지 않은 것이다.

대표적인 예는 미국의 드와이트 D. 아이젠하워 대통령이다. 그는 다른 대통령들과는 달리 임기 후반으로 갈수록 지지율이 상승했다. 1953년 취임한 아이젠하워 대통령은 68%의 지지율로 시작해 첫 임기 4년 동안 60~70%를 유지했다. 첫 임기 마지막 지지율은 무려 75%로 임기가 지날수록 지지율이 떨어지는 다른 대통령들과는 다른 모습이었다. 두 번째 임기 4년 동안 전체적인 지지율은 약간 떨어졌지만 대부분 기간 동안 50% 이상을 유지했고 마지막 지지율은 59%였다.

아이젠하워가 차별화된 지지율을 기록한 이유에 대해서는 여러 가지 설명이 가능하다. 첫째로 군인 출신인 아이젠하워는 대통령 당선 전이나 당선 후에 강직하고 성실하다는 이미지를 갖고 있었고, 이 때문에 가장 믿을 만하고 존경할 만한 미국인으로 선정됐다. 즉 인간적인 매력과 신망이 워낙 강해 높은 지지율을 유지했다. 둘째는 재임 기

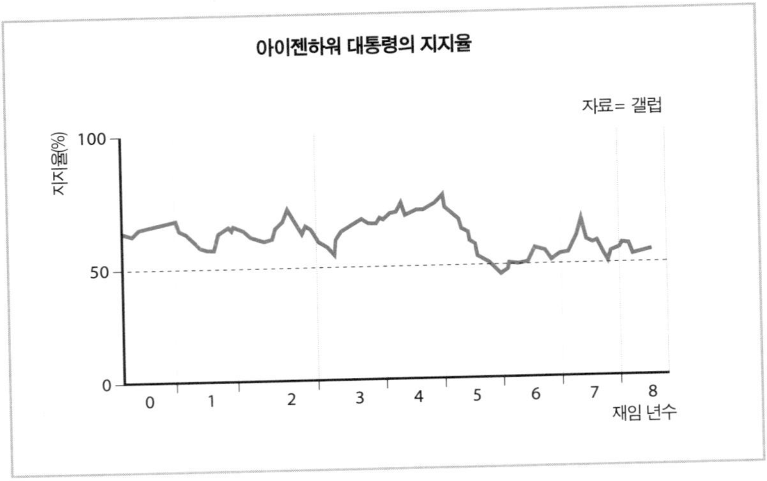

간 중 한국전쟁 종전이 있었다는 점이다. 취임하자마자 3년을 끌어온 전쟁에 마침표를 찍었다는 업적이 국민의 호응을 받았고 이 효과가 매우 강력해 재임기간 내내 지속됐다. 셋째로 아이젠하워 대통령이 전문 정치인 출신이 아니라는 점이 지지율에는 유리하게 작용했을 수 있다. 유권자들은 아이젠하워를 정치에서는 아마추어라고 생각해 실수나 허점에도 관대하게 봐줬고 이것이 허니문 현상을 연장하는 작용을 했다. 넷째로 아이젠하워의 재임기간인 1953~1960년은 미국이 전후 강대국으로 부상하면서 자신감과 도덕적 우월성이 컸던 시기였다. 국민들의 자부심과 자신감이 넘치는 시기였기 때문에 대통령 지지율 역시 높게 유지됐다.

그러나 무엇보다도 소수파 결집을 피했다는 점이 지지율 유지에 큰 역할을 했다. 아이젠하워는 대통령으로서 국내에 관해 별다른 일을 하

미국 대통령 집무실인 백악관의 오벌 오피스. 아이젠하워 대통령은 임기 후반으로 갈수록 지지율이 올라가는 기현상을 경험했다. 사진 미국 백악관 홈페이지http://www.whitehouse.gov

지 않았다. 재임기간 동안 첨예한 이해관계가 달린 국내 문제에 관해서는 사실상 아무 조치도 취하지 않고 국정을 평온하게 유지하는 데에만 집중해 불만을 갖는 소수파를 만들지 않았다. 이 때문에 아이젠하워는 재임기간 동안 골프밖에 한 것이 없다는 비판을 받기도 한다.

빌 클린턴 대통령도 지지율 추락을 버텨낸 미국 대통령이다. 헤아릴 수 없이 많은 추문 속에도 임기 후반으로 갈수록 지지율이 올라가는 기현상을 연출했다. 클린턴 대통령의 지지율 기현상에 대한 설명 중 하나는 정치적 염증과 미디어에 대한 불신이 겹쳐진 덕분이라는 점이다. 클린턴 재임시절 하루가 멀다 하고 터지는 스캔들에 야당인 공화당은 집요하게 공격했고, 사사건건 클린턴의 정책을 물고 늘어졌다. 심지어 클린턴에 대한 탄핵까지 시도했다. 이런 정치권의 행태에 대해 유권자들은 염증을 느껴 정치에 대한 관심을 꺼버렸다.

동시에 매일같이 선정적이고 때로는 터무니없는 억측으로 이뤄진 뉴스에 질려 미디어의 보도를 믿지 않는 경향도 강해졌다. 과거와 달리 뉴스의 내용을 곧이곧대로 받아들이지 않았다. 또 1990년대는 인터넷이 보편화되기 시작한 시기로 점차 방송, 신문에 등장하지 않는 소식을 인터넷으로 접하는 사람이 늘었다는 점도 클린턴 대통령의 지지율 유지 이유로 꼽힌다. 기존 미디어를 멀리하는 대신 인터넷 뉴스에 노출되는 시간이 많아졌다. 더구나 인터넷 뉴스는 독자들이 자신의 관심분야의 뉴스만을 선택적으로 검색해 보는 '내로우narrow 미디어' 의 성격이 있다. 언론사가 일방적으로 선택한 뉴스를 대규모로 전파하는 '브로드

broad 미디어' 가 아무리 스캔들을 떠들어대도 사람들은 관심을 보이지 않았다.

1 지지율은 시간이 흐르면 떨어지게 돼 있다. 운명이다.

2 나랏일을 하다보면 대통령에게 불만을 가진 소수가 점점 늘어나기 마련이고, 이런 소수가 쌓이면 지지율은 떨어진다.

3 임기 첫해에는 관심과 기대 속에 높은 지지율이 유지되는 허니문 현상이 나타난다. 그런데 최근에는 이 현상이 약해지고 있다.

4 어떤 대통령은 임기 후반에 오히려 지지율이 올라가거나, 임기 내내 높은 지지율을 유지하기도 했다. 그러나 예외일 뿐이다.

Mr president

5

무엇이 지지율을 흔드나

나라 경제와 내 살림살이

눈길을 잡는 이벤트

국가 위기와 전쟁

부패, 거짓말 그리고 말실수

반대 세력의 목소리가 커지면 지지율이 내려간다

유권자 정치성향

대통령 특성에 따라 지지율이 달라진다

지금까지 지지율의 의미, 지지율 조사의 역사적 배경과 약점, 지지율 흐름의 특징에 대해 알아봤다. 이제 무엇이 대통령 지지율을 좌우하는지를 설명할 차례다. 지지율을 흔드는 것이 무엇인지에 관한 고민은 미국에서 활발하다. 이미 1940년대부터 대통령 지지율 조사가 이뤄졌다. 자연히 지지율에 영향을 미치는 요인에 대한 연구도 활발히 이뤄졌다. 한국의 경우 대통령제를 60년 넘게 시행하고 있지만 대통령 지지율 조사가 본격적으로 이뤄진 것은 1990년대 이후이며 지지율에 대한 관심이나 연구도 아직은 미미하다. 이 때문에 여기서 소개하는 내용은 대부분 미국에서 건너온 것들이다.

지지율에 영향을 주는 요인은 한두 가지가 아니다. 우선 상대적으로 긴 시간에 걸쳐 영향을 주는 장기 추세요인이다. 이미 설명한 소수파 결집과 허니문 현상 이외에 경제상황이 있다. 나라 전체 혹은 가정이나 개인의 경제 사정이 지지율과 어떤 관련이 갖는지 밝히려는 시도들이 여기에 속한다.

짧은 기간 동안 지지율의 등락을 일으키는 단기 급등락요인에는 유권자의 이목을 잡는 이벤트, 전쟁 같은 국가적 위기, 정치부패, 대통령의 실언, 반대세력과의 갈등 등이 있다. 이와 함께 특정 개인이 왜 특정 대통령에게 호감 혹은 '비호감'을 갖는지 원인을 밝히려는 시도도 있었다. 유권자의 정치성향과 정당일체감, 지역 등에 기반을 둔 고정지지층 분석이 여기에 해당한다. 또 대통령의 특성에서 지지율의 변동을 설명하는 분석도 있다.

나라 경제와 내 살림살이

2008년 미국과 유럽의 많은 나라들이 경제적으로 어려움에 처했다. 금융위기가 갈수록 악화되면서 은행이 줄줄이 도산하고 기업들이 부도났다. 미국에서 몇몇 투자은행들이 부도났을 때만 해도 그저 은행들이 잘못해 망한 것이라고 생각했지만 파장은 생각보다 심각했다. 시간이 갈수록 주식은 폭락해 엄청난 돈을 날린 투자자들이 속출했고 기업들이 쓰러지면서 실업자들이 넘쳐났다. 2009년 초는 이런 경제난이 최악으로 치닫던 시기로 1930년대 대공황 이후 최악의 경제난이 찾아왔다는 소리까지 나왔다.

경제난은 지지율과 맞물려 돌아갔다. 당시 많은 나라들의 대통령이나 총리들의 인기가 동반 하락했다. 대표적인 지도자가 프랑스의 니콜라 사르코지 대통령이다. 사르코지 대통령은 유럽연합EU의 다양한 정책에 앞장서 '유럽의 지도자'로 떠오르며 국내에서 상당히 높은 인기를 누렸다. 그러나 2008년 12월 55%이던 지지율은 두 달 뒤 39%까지 빠르게 내려앉았다. 당시 대규모 경기부양책이 기업을 지원하는 데 주안점을 둔 반면, 근로자 일자리와 임금을 보호하는 데 소홀하다는 비판을 받았다.

가뜩이나 인기가 없었던 영국의 고든 브라운 총리는 지지율이 더 내려갔다. 2008년 말 36%였던 브라운 총리의 지지율은 다음해 2월에는

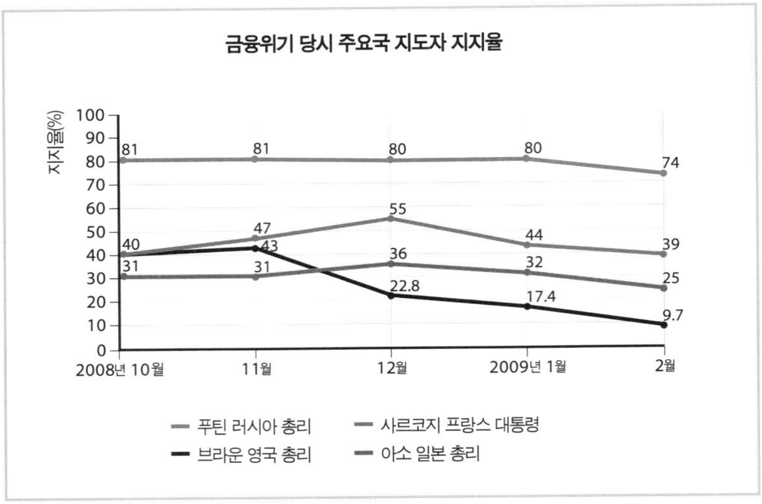

자료=영국 콤레스, 일본 니혼TV, 프랑스 CSA, 러시아 여론조사센터, 매일경제신문

25%로 역대 영국 총리 가운데 최악의 수준까지 떨어졌다. 거의 큰 변동 없이 전폭적인 지지를 누렸던 러시아의 블라디미르 푸틴 총리 역시 경제난 속에서 지지율이 흔들렸다. 푸틴 총리의 지지율은 2009년 2월 74%를 기록했다. 다른 나라의 대통령이나 총리에 비하면 높은 수치이지만 2008년 9월과 12월 각각 81%, 80%를 보였던 것에 비하면 상당히 하락한 것이다. 일본의 아소 다로 총리의 지지율은 더욱 처참했다. 취임할 때도 43%의 지지율에 불과해 위태로웠는데 이후 가파르게 떨어져 2009년 3월에는 9.7%의 한자리 지지율을 기록했다. 결국 아소 총리는 낮은 지지율로 물러나고 말았다.

경제가 악화되면 지도자들의 지지율이 급격히 떨어지는 것과 반대로 경제가 호황이면 지지율이 고공행진을 하기도 한다. 1990년대 8년간 대통령을 지낸 빌 클린턴 미국 대통령의 높은 지지율은 경제호황이 상당한 영향을 준 것으로 알려져 있다. 지금까지 연구 결과를 보면 경제는 대통령 지지율에 가장 큰 영향을 주는 변수다. 국민 개개인은 대통령이 경제에 가장 큰 영향을 미치는 정치인이라고 생각해 대통령의 업무수행 능력에 대한 평가를 경제상황과 연계한다. 대통령이 실제 그럴 만한 힘이 있는지 없는지는 중요하지 않다. 그렇기 때문에 경제 불황이 계속될 때 그 책임을 대통령에게 돌리는 경향이 있다.

그런데 유권자들이 생각하는 경제 상태라는 게 무엇인지 명확하지가 않았다. 지지율에 영향을 주는 경제상황에 대한 유권자들의 인식이라는 게 현재의 경제 상태를 놓고 말하는 것인지 아니면 앞으로 경제가 나아질 것이냐 혹은 나빠질 것이냐를 의미하는 것인지 분명하지 않았다. 더구나 경제상황이라는 것이 개인적인 돈벌이 상황인지, 아니면 개인 차원을 넘어 나라 전체의 경제상황인지도 불분명했다.

다양한 측면에서 연구가 이뤄졌다. 첫째 대통령 업무수행능력을 판단함에 있어 현재의 경제상황을 중시하는지 아니면 미래의 경제상황을 중시하는지에 관한 것이다. 현재까지의 연구로는 유권자들이 현재지향적인지 아니면 미래지향적인지 확실한 결론을 내리기 어렵다.

둘째로 경제를 보는 시각에 있어 국민들은 평가의 기준을 개인적 측면, 즉 개인의 돈벌이 상황에서 찾고 있는지 아니면 나라의 일반적인 경제상황에서 찾고 있는지에 관한 것이다. 연구 결과 개인 경제사정을 기준으로 한 평가와 대통령의 지지율과는 별다른 관계가 없다는 것이 밝혀졌다. 반면 나라의 경제사정에 대한 평가와 대통령 지지율과는 상당히 깊은 관계가 있는 것으로 나타났다. 즉 사람들은 지지율을 내 월급이 오르고 집값이 뛰는 것과 연관시키기보다는, 수출이 잘 되고 나라의 경제규모가 커지는 것과 연관시킨다는 것이다. 특히 미국 대통령의 경우 경제상황과 지지율이 밀접한 연관이 있는데 개인의 경제 사정보다는 국가의 일반적인 경제상황에 대한 인식이 지지율에 영향을 주는 것으로 나타났다.

그렇다면 국가의 경제상황 전체를 보여주는 지표가 무엇인가라는 질문이 떠오른다. 다양한 지표가 논의됐지만 대표적인 것이 실업률이다. 실업률을 경제상황의 지표로 보는 것은 실업률이 현재 혹은 미래의 경제상황에 대해 말해주는, 유권자들이 체감할 수 있는 가장 일반적인 변수이기 때문이다. 또 설문조사처럼 응답자의 주관적인 판단이 개입되지 않고, 누구나 동의할 수 있는 객관적인 수치로 제시된다는 점도 이유다. 미국에서는 실업률로 대변되는 경기침체는 지지율을 하락시키지만 경기호황은 별다른 영향을 미치지 못하는 것으로 나타났다. 즉 실업률의 상승은 지지율 하락에 가속도를 붙이지만 실업률이 낮아졌다고 해서 지지율이 상승하는 것은 아니라는 결론이다. 또 소비자물가 상승률을 지표로 삼기도 한다. 물가라는 것은 경제전반의 건강상태를 보여주는 것이기도 하고 사람들의 구매력과 관련이 있기도 하다. 한국의 경우 소비자물가 상승률이 1% 포인트 상승하면 지지율이 1.5% 포인트 하락하는 것으로 나타났다.

그러나 복잡한 경제를 단순히 실업률이나 소비자물가상승률처럼 범위가 좁은 지표 하나만으로 나타내기에는 부족해 보인다. 이 때문에 경제상황 인식에 대한 유권자들의 생각 자체를 지표로 보기도 한다. 한국에서는 소비자동향지수 등이 활용되고 있고, 미국의 경우 미시간대학 리서치센터와 같은 민간기관들이 주기적으로 실시하는 경제상황에 대한 인식조사 결과가 지지율을 분석하는 데 활용된다. 이런 조사들에 따르면 지지율과 경제상황에 대한 인식 사이에는 관계가 있어 경제를 보는 시각이 긍정적일 때 대통령의 지지율도 올라갔다.

눈길을 잡는 이벤트

1995년 10월 김영삼 대통령의 지지율은 53.3%에 그쳤다. 1993년 취임 당시 80%대의 높은 지지율을 유지했지만 임기가 지날수록 계속 하락해 2년여 만에 30% 포인트를 까먹었다. 이런 와중에 김영삼 대통령은 취임 이후 역점을 두고 추진해온 과거청산 작업이 결실을 맺었다. 기업으로부터 천문학적인 금액의 돈을 뇌물로 받은 혐의로 노태우 대통령이 1995년 11월 구속됐고, 군사쿠데타로 정권을 탈취해 민주주의를 후퇴시킨 혐의로 전두환 대통령이 같은 해 12월 역시 구속됐다. 전직 대통령이 두 명이나 연거푸 옥살이를 하게 되자 국민은 놀라고 보수파는 반발했다. 하지만 뒤틀린 역사를 바로잡고 어두운 과거를 청산한다는 점에서는 언론과 여론은 긍정적으로 평가했다. 1996년 1월 김영삼 대통령의 지지율은 74.6%를 기록했다. 불과 3개월 만에 20% 포인트 넘게 뛰었다.

2000년 10월 김대중 대통령의 노벨 평화상 수상이 결정됐다. 국내 최초의 노벨상 수상인데다 노벨상 중에서도 가장 비중이 큰 평화상을 받게 돼 국민의 주목과 관심을 받았다. 전달인 9월 지지율은 47.7%였지만 노벨상 수상 소식에 61.8%로 급등했다.

이벤트란 국민의 이목을 잡는 대통령의 정책 혹은 행동, 대통령에 대한 국민의 평가를 긍정적으로 만드는 외부 행사나 사건이라고 정의할 수 있다. 정부가 내놓은 수많은 정책 중에 실생활에 당장 변화를 주는 정책, 나라 전체에 충격을 주는 극단적인 결정, 이미지를 긍정적으로 만드는 대통령의 행동과 행사 등이 여기에 해당된다. 사실 정책 혹은 결단이란 이름으로 모습을 드러내지만 그 실상은 유권자를 의식한 '쇼'에 가깝다.

김영삼 대통령의 과거사 청산 작업은 순수한 정책이라기보다는 국민의 마음을 달래고 결정권자인 대통령의 위상을 높이는 이벤트로 봐야 한다. 외부에서 일어난 사건이나 행사도 영향을 준다.

한국이 2010년 개최한 G20 서울 정상회의는 이벤트의 전형적인 예이다. 선진국과 신흥국을 대표하는 20명의 국가 정상들이 한자리에 모이기 때문에 전 세계 정치인, 경제인, 미디어의 주목을 받는 행사였다. 더구나 선진국으로 상징되는 G7 이외 국가에서 처음으로 열렸고 한국이 이제 외교의 변방이 아니라는 것을 세계에 알린 행사이기도 했다. 이 행사의 유치에서 준비, 개최까지 책임진 이명박 대통령 역시 전 세계의 이목을 한 몸에 받았다. 보통 정상회의는 대통령의 지지율을 높이는 작용을 하는데 G20은 이런 정상회의가 수십 개 겹친 효과를 발휘하는 행사였다. 행사가 끝난 뒤 이명박 대통령의 지지율은 50% 전후에서 60%대로 상승해 이벤트 효과가 확연히 나타났다.

이런 이벤트가 발생하면 지지율은 짧은 기간에 급등한다. 김영삼, 김대중, 노무현 대통령의 경우에도 이벤트가 발생한 직후 지지율이 평균적으로 10% 상승했다. 그러나 이벤트의 효과는 오래 가지 못한다.

길어야 두세 달, 짧게는 한 달 이후에 지지율은 다시 낮아지는 추세로 돌아가 이벤트 효과 자체가 사라져버린다.

국가 위기와 전쟁

2001년 9월초 조지 W. 부시 대통령의 지지율은 51%에 그치고 있었다. 며칠 뒤인 9월 11일 미국 대륙이 사상 처음으로 외부의 공격을 받은 9.11 테러가 발생했다. 부시 대통령은 테러리스트에 대한 강력한 응징을 다짐하면서 국민의 지지와 협조를 호소했다. 테러 발생 이틀 뒤 여론조사에서 부시 대통령의 지지율은 86%로 급등했다.

전쟁 같은 국가적 위기상황이 발생하면 국민은 대통령을 중심으로 단결해 결집된 모습을 보여주고, 이는 대통령에 대한 긍정적인 평가로 나타난다. 위기상황은 일반적으로 국가 전체의 운명과 관련되고 대통령과 직접적인 관련이 있으며, 내용이 명확하고, 극적이라는 특징이 있다.

위기의 대표적인 예는 군사적 개입이다. 미국에서는 1961년 피그만 침공이나 1950년 한국전쟁 개입 등이 이뤄진 것이 이에 속한다. 둘째 지속되고 있는 전쟁에서 대규모 군사작전의 실행이다. 1950년 한국전쟁 당시 인천상륙작전이나 중공군 개입, 1964년 베트남전쟁 당시 통킹만 작전 등이 그 예다. 셋째 중요하고 심각한 외교적 사태의 전개다. 1962년 쿠바 미사일 위기나 1960년 U-2기 사건 등이 그렇다. 넷째 적성국이나 경쟁국의 혁신적인 기술의 개발이다. 소련의 스푸트니크호 발사나 핵미사일 실험 등이 이에 해당한다.

다섯째 내부 요인으로 대통령의 사망 혹은 궐석 등이다. 루스벨트

미국 트루먼-존슨 대통령 재임기간 동안의 위기상황

구 분	연 월	위기상황
전격적인 군사개입	1950년 6월 1958년 7월 1961년 4월 1965년 4월	한국전쟁 발발 미국의 레바논 파병 피그만 침공 미군의 도미니카공화국 파병
전쟁 중 대규모 군사작전 실행	1950년 9월 1950년 11월 1964년 8월 1965년 2월	한국전쟁 중 인천상륙작전 한국전쟁 중 중공군 개입 베트남전쟁 중 통킹 만 작전 베트남전쟁 중 북베트남 폭격
외교상의 위기 발생	1947년 봄 1947년 3월 1951년 7월 1953년 7월 1960년 5월 1961년 8월 10월 1962년 10월 1968년 4월	베를린 봉쇄 사건 트루먼 독트린 발표 한국전쟁 평화협상 개시 한국전 정전협정 체결 U-2기 사건 베를린 장벽 건설 베를린 위기 발생 쿠바 미사일 위기 발생 베트남전쟁 평화협상 시작
적성국의 혁신적인 기술 개발	1949년 9월 1957년 10월	소련 핵폭탄 실험 성공 발표 소련 인공위성 스푸트닉크호 발사
미국-소련 정상회담 개최	1945년 8월 1955년 7월 1959년 9월 1967년 6월	포츠담 회담 제네바 4개국 회의 캠프 데이비드 정상회담 글라스보로 정상회담
대통령 유고 및 후임자 승계	1945년 4월 1963년 11월	루스벨트 대통령 사망, 트루먼 대통령 취임 케네디 대통령 암살, 존슨 대통령 취임

▌ 자료=John E. Mueller, 《War, President and Public Opinion》, New York : John Wiley & sons Inc, 1973, 일부 내용 편집.

대통령 사망으로 취임한 트루먼 대통령이나 케네디 대통령 암살로 취임한 존슨 대통령의 취임이 여기에 속한다. 한국에서는 2004년 노무현 대통령 탄핵과 이에 대한 헌법재판소의 기각 결정이 여기에 해당할 수 있다.

조지 W. 부시 대통령이 재선에 성공한 것도 테러라는 위기 상황이 작용해 결집효과를 유발한 것으로 볼 수 있으며, 1991년 걸프전쟁 때 조지 부시 대통령이 받았던 높은 지지율 또한 결집효과에 기인한 것이다. 하지만 전쟁은 장기화되고 희생자가 늘어나게 되면 지지율에서는 오히려 역효과를 주기도 한다. 위기를 느낀 유권자들이 결집을 하지만 너무 오래 끌면 오히려 전쟁 결정권자를 비난하게 된다. 수년간 지속된 한국전쟁과 베트남전쟁은 각각 트루먼 대통령과 존슨 대통령의 지지율을 크게 하락시켰다. 위기상황 역시 이벤트와 마찬가지로 지지율을 갑자기 상승시키지만 그 효과가 오래 지속되지 못하는 특징이 있다.

위기는 발생 초기에는 국민을 결집시켜 지지율을 끌어올리는 역할을 하지만 대통령이 이 위기를 잘못 다뤘을 때에는 지지율에 치명적인 손상을 줄 수 있다. 2010년 11월 초 간 나오토 일본 총리가 이끄는 내각의 지지율은 취임 이후 최악인 32.7%로 한 달 전에 비해 무려 15%나 떨어졌다. 특히 응답자의 74% 정도는 간 총리 내각의 외교에 대해 가장 큰 불만을 나타냈다. 지지율이 폭락한 것은 연이어 발생한 중국 및 러시아와의 영토 분쟁이란 국가 위기에서 간 총리 내각이 무능한 모습을 보였기 때문이었다. 중국 어선이 자국 영토를 순찰하는 일본 순시선을 고의적으로 충돌하고, 러시아 대통령이 분쟁지인 북방 영토를 방문

했음에도 불구하고 어떠한 일격과 대응책 없이 우왕좌왕하는 인상을 국민들에게 남겨 정권의 능력을 의심하게 하는 결과를 낳았다.

부패, 거짓말 그리고 말실수

2000년 8월 김대중 대통령의 최측근인 박지원 당시 문화관광부 장관이 은행 불법대출에 개입했다는 의혹이 터져나왔다. 이전 정권에 비해 도덕적으로 우위에 있고 서민을 위한 정부라는 이미지가 강했던 만큼 김대중 정부의 도덕성에 손상이 갔다. 한 달 뒤인 9월에 공개된 여론조사 결과를 보면 김대중 대통령의 지지율은 급락해 이전 달 69.9%에서 47.7%로 폭락했다.

2010년 3월 임기의 절반을 맞이한 니콜라 사르코지 프랑스 대통령의 지지율은 겨우 39%로 취임 이후 최저를 기록했다. 금융위기로 나라가 휘청거렸을 때도 지지율이 흔들렸지만 당시는 프랑스 경제가 위기에서 어느 정도 벗어난 때였다. 지지율 하락의 배경에는 잇따라 불거진 스캔들이 자리 잡고 있다. 가장 큰 타격은 족벌정치 논란이었다. 사르코지 대통령의 둘째 아들이 파리 서쪽 상업지구인 라데팡스의 관할 책임을 맡고 있는 라데팡스개발위원회EPAD의 후임 최고 책임자에 임명될 것으로 알려지면서 족벌정치를 하려한다는 비난에 휩싸였다. 불과 23살에 불과한 아들을 장관급 자리에 앉히려는 시도였다. 이를 두고 유권자들은 사르코지가 공사를 구분하지 못하고 과도한 욕심을 부린다고 생각했다. 아들이 스스로 의장직 출마 포기를 선언해 일단락되긴 했으나 이 논란을 계기로 많은 사람들이 사르코지에게 등을 돌렸다. 여기에다 내각의 프레데릭 미테랑 문화장관이 매춘 관광과 동성애를 기록한 자서전을 펴내면서 정권의 도덕성을 둘러싸고 쏟아진 비난도 지지율 하락에 한몫을 했다.

부정부패나 거짓말로 대통령의 도덕성에 상처를 주는 사건은 대통령의 신뢰를 떨어뜨리고 지지율을 하락시킨다. 이런 사건들은 국민의 이목을 일거에 집중시키고 대통령에 대한 평판을 나쁘게 만든다. 일본의 하토야마 유키오 총리는 미군기지 이전 문제를 놓고 총리 취임 전과 취임 후에 말을 바꾼 것으로 국민의 지탄을 받았고, 결국 지지율 폭락 속에 총리 자리에서 물러났다. 과거 한국의 대통령도 친인척, 측근들의 비리연루 의혹이 불거지면 이것이 곧 지지율 하락으로 연결됐다. 비리 의혹 발생으로 인한 지지율 하락폭은 김영삼, 김대중, 노무현 대통령이 평균 14.9% 포인트였다.

한 가지 흥미로운 점은 도덕성 상실이나 신뢰 상실로 지지율이 추세에서 벗어나 일단 폭락하면 이전의 지지율 고점을 회복하지 못한다는 것이다. 김영삼 대통령은 쌀 시장 보호 공약 철회로 거센 비난을 받으며 1993년 12월에는 지지율이 20% 이상 폭락했고, 이후 지지율이 한때 74.6%까지 상승하기도 했지만, 이전 고점인 87.3%에는 미치지 못했다. 또 한보그룹 비리로 1996년 12월 지지율이 54.8%에서 39.6%로 급락한 뒤부터는 20%대의 지지율에서 벗어나지 못했다. 김대중 대통령도 1999년 4월 79.2%의 높은 지지율을 보이다가 내각제 파동으로 같은 해 5월 65.5%로 급락했고, 2000년 10월에도 측근 비리로 지지율이 전달의 69.9%에서 47.7% 떨어졌다. 두 차례 급락이 있은 뒤 지지율이 다시 상승하기도 했지만 이전 고점에는 미치지 못했다. 노무현 대통령은 2003년 5월 70.9%에 이르던 지지율이 한 달 뒤인 6월에는 46.8%로 급락해 이후 줄곧 30~40%의 지지율에 머물렀다.

신뢰 상실이란 측면에서 대통령이나 총리의 말실수도 치명적이다. 2010년 4월 총선을 앞두고 영국의 고든 브라운 총리는 전국 유세에 나섰다가 말실수로 지지율이 급락하는 어려움을 겪었다. 65세의 한 여성 유권자가 집요하게 재정 적자, 연금 과세, 이주노동자 문제, 대학등록금 지원 같은 질문을 던졌고 브라운 총리는 각각의 질문에 대답한 뒤 "만나서 반가웠어요. 건강하세요"라고 친절한 인사까지 나누고 차에 올랐다. 그러나 차 속에서 브라운 총리는 거친 말을 쏟아냈다. "이것저것 안 묻는 게 없더라. 자기가 전에 노동당을 찍어줬다고 주장하는, 그렇고 그런 고집불통 여자였어." 브라운 총리의 문제 발언은 그의 셔츠에 그대로 꽂혀 있었던 방송사의 무선 마이크 핀을 통해 그대로 유권자들에게 전달됐다. 총리의 발언은 가뜩이나 인기가 떨어진 집권 노동당과 총리의 지지율을 더욱 낮췄고 결국 선거에서 그가 속해 있던 노동당은 패배했다.

반대세력의 목소리가 커지면 지지율이 내려간다

도매 금으로 넘어간다는 말이 있다. 시끄러운 일이 벌어지면 그 일과 딱히 관련이 없는 경우라도 덩달아 욕을 먹는 경우를 말한다. 대통령 지지율에서도 이 말이 적용된다. 대통령이 정책이나 법안 하나를 내놓아 추진을 하는 과정에서는 늘 어느 정도의 반대 목소리가 나오기 마련이다. 야당이나 이해단체는 정책과 법안의 문제점을 파고들고, 이를 공격하는 것이 어찌 보면 그들의 역할이기 때문이다. 그러나 반대가 너무 시끄러우면 문제가 커진다. 유권자들에게는 대통령과 반대세력이 서로 엉켜서 싸우는 모습으로 보이고, 이런 양상이 이어지면 정책에 대한 논의 자체에 염증을 느낀다. 또 반대 목소리가 거세다는 것 자체가 대통령의 능력에 의문을 불러오고, 뭔가 불순한 의도가 정책 뒤에 도사리고 있다는 의혹까지 일으킬 수 있으며, 이는 지지율을 떨어뜨린다. 특히 순수성과 도덕성에서 정치인보다 위에 서 있는 시민단체가 거세게 비판할 경우, 그 비판이 여론에 영향을 주고 대통령 지지율이 하락할 가능성이 크다.

2008년 대선 전부터 전문가들 사이에서 그 필요성이 거론되던 한반도 대운하는 이명박 대통령이 대선 공약으로 삼았고, 당선 후 곧바로 추진됐다. 그러나 환경 파괴를 이유로 내세운 시민단체와 학자들의 반대가 거세게 일어났고, 야당도 가담해 반대했다. 이명박 대통령은 취임도 하기 전에 반대세력의 공격을 받았다. 정부는 다양한 자료를 제시하며 정당성을 호소했지만 반대는 수그러들지 않았다. 시간이 흐를수록 정책을 둘러싼 단순한 갈등을 넘어 정부와 시민단체의 대결 국면으로 변질되자 유권자들은 운하 계획 자체에 염증을 느끼기 시작했다. 이는 그대로 지지율 하락으로 연결됐다.

유권자 정치성향

"월마트 근처에서 살면 공화당을 지지하는 사람일 가능성이 높다. 월마트는 총기류를 팔고 총기 판매 자유는 공화당의 주요 정책이다. 스타벅스 주변에 사는 사람은 민주당 지지자일지 모른다. 스타벅스에서 많이 팔리는 것이 부드러운 맛의 카페라떼이고 민주당 성향의 사람들은 부드러운 것을 좋아한다. 월마트와 스타벅스 중간에 사는 사람은 부동층일 가능성이 크다."

미국 정계에서 한때 떠돌던 농담으로, 이는 유권자의 정치성향에 따라 정당과 정치인에 대한 지지가 확연히 갈리는 것을 보여준다. 정치성향이란 유권자가 갖고 있는 고유한 정치적 특성을 말한다. 유권자들은 연령과 직업, 거주지, 계층 등에서 다양하고, 그만큼 대통령에 대한 평가도 천차만별이어서 같은 시기 같은 대통령에 대한 평가에 있어서도 의견이 다른 게 보통이다. 비슷한 개념으로 정당일체감이 있다. 유권자 개인이 특정정당에 대해 가지는 심리적인 친밀감을 말하는데, 대통령이 소속한 정당과 유권자가 지지하는 정당이 일치하는지 아니면 불일치하는지가 대통령 평가에 영향을 준다. 정당일체감은 대통령의 업무수행 능력을 평가하는 데 있어 선입견을 갖게 하고 그래서 지지하는 대통령에 대해서는 긍정적으로, 지지하지 않는 대통령에 대해서는 부정적으로 평가하게 만든다.

정치성향 혹은 정당일체감에 따라 유권자들을 분류하면 대통령 지지율 측면에서 공통점을 가진 유권자 층이 생긴다. 지지율 조사 때마다 전체지지율보다 일관되게 높은 수준의 지지율을 유지하는 유권자 층을 고정 지지층이라고 부를 수 있고 일관되게 낮은 지지율을 유지하는 유권자 층을 고정 반대층이라고 부를 수 있다.

김대중 대통령과 노무현 대통령의 경우 모두 일관되게 전체 지지율보다 높은 지지율을 보이는 고정지지층이 있었다. 김대중 대통령의 경우 연령에서는 20대, 직업은 학생과 농어민 그리고 지역은 광주 및 전라 지역이었다. 충청권을 기반으로 한 자민련과 연립정부를 구성했지만 대전 및 충청 지역의 지지율은 전체지지율보다 평균 0.8% 포인트 높은 데 그쳤다. 또 진보성향의 민주당 지지 성향의 유권자가 김대중 대통령을 지지하는 비율은 한나라당 성향 유권자의 비율보다 월등히 높았다.

노무현 대통령은 김대중 대통령과 고정지지층이 비슷해 20대, 학생과 농어민, 광주 및 전라지역의 지지율이 일관되게 높았다. 다른 점은 충청권으로 행정수도를 이전한다는 공약과 이후 사업추진으로 인해 대전 및 충청 지역의 지지율이 전체지지율보다 평균적으로 6.3% 포인트 높았다는 점이다.

직업별 김대중 대통령의 지지율

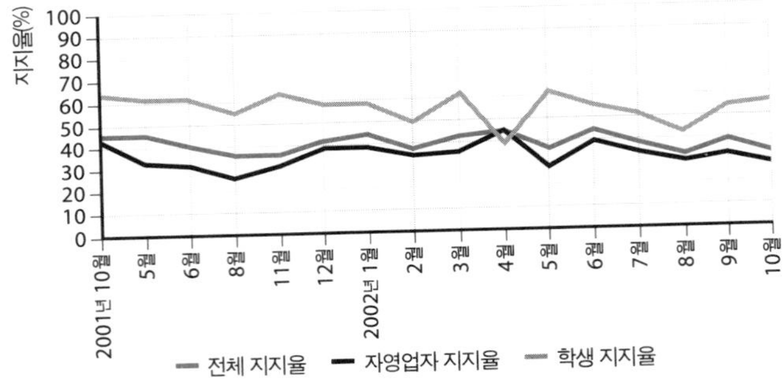

지역별 김대중 대통령의 지지율

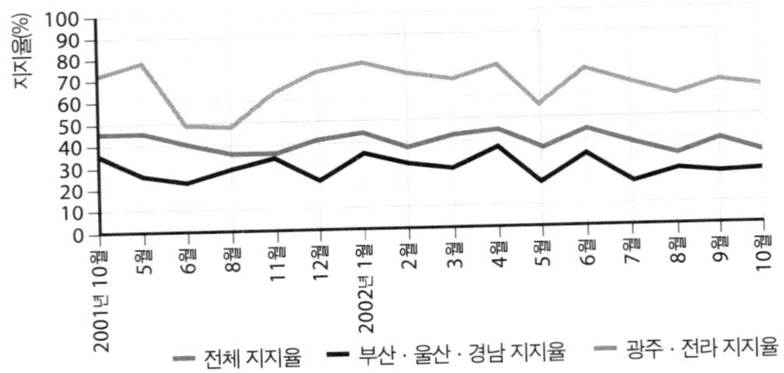

지지정당과 김대중 대통령의 지지율

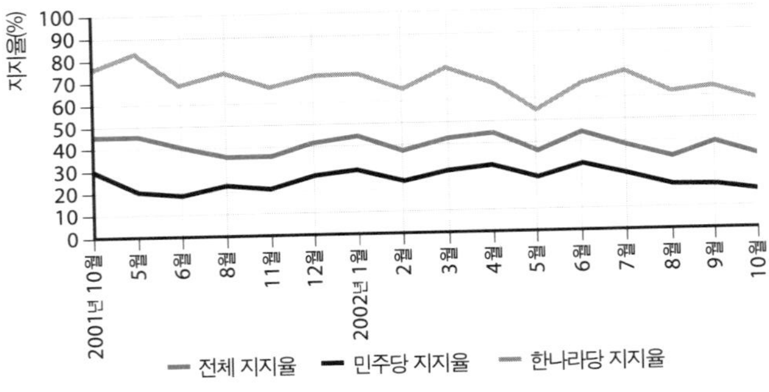

자료=리서치앤리서치

대통령 특성에 따라 지지율이 달라진다

지지율은 보통 취임 초에 높고 임기가 지날수록 하향하는 모습을 보이기는 하지만, 대통령마다 독특한 특징이 나타난다. 하향하는 모습이 꾸준해서 추세에서 좀처럼 벗어나지 않는 대통령도 있고 종종 추세를 벗어나는 급등과 급락을 보여주는 대통령도 있다. 한국에서는 문민정부가 들어선 1993년 이후 세 명의 대통령이 임기를 마쳤다. 이들 세 명의 지지율을 보면 각각의 리더십 혹은 스타일과의 연관점을 찾을 수 있다.

김영삼 대통령의 특성은 즉흥성이라고 할 수 있다. '하나회' 로 대변되는 군부 내 조직의 철폐, 전직 대통령의 구속, 금융실명제 도입 등 개혁정책은 과감성은 있지만 철저한 준비와 분석이 결여된 임기응변식 대응, 초법적이고 권위주의적인 대통령의 강한 리더십으로 추진되었다. 이런 즉흥적 리더십은 지지율 측면에서 변동성과 관련이 있어 보인다. 그의 지지율은 임기가 흐름에 따라 장기적으로는 하락하는 가운데 단기적으로 등락이 나타났다. 김영삼 대통령의 지지율은 70%에서 시작해 취임 9개월이 된 시점에 87.3%로 5년 임기 중 가장 높았지만 곧 급락해 불과 5개월 만에 33.7%까지 폭락했다. 하지만 다시 상승해 취임 2년 9개월 뒤1996년 1월에는 74.6%까지 반등했고 이후 하락으로 돌아서 임기 마지막 해1997년에는 10%대로 주저앉았다. 한마디로 지지율의 변동성이 컸다.

노무현 대통령의 리더십도 역시 파격과 즉흥성이 강하다. 파격적 리더십은 임기 초반 이뤄진 평검사와의 대화에서 잘 나타난다. 검찰개혁 문제를 놓고 대통령이 평검사와 날선 토론을 벌인 일이었다. 전임 대통령이었다면 상상할 수 없었던 일로 신선한 시도라는 호평이 있었지만 지나친 파격이라는 비판이 더 컸다. 이런 파격성은 대통령의 권위 자체를 스스로 무너뜨리는 부작용으로 이어졌고 유례없는 지지율 급락 현상으로 연결됐다. 노무현 대통령의 지지율은 다른 2명의 전임 대통령과 마찬가지로 70%의 높은 지지율로 출발했지만 불과 4개월 만에 46.3%로 급락했고 이후 30%대의 매우 낮은 지지율을 유지했다.

이들 두 명의 대통령과 달리 김대중 대통령은 치밀함과 설득을 중시하는 리더십을 보여줬다. 3번의 대선 실패를 거치는 동안 그는 이른바 '준비된 대통령' 이라 불릴 정도로 많은 노력을 했고, 국민을 설득하기 위해 회견과 담화, 정견발표를 자주 해 정치적 소신을 전달했다. 또한 뛰어난 언변으로 설득력에 힘을 보탠 것도 리더십의 특징이다. 개혁을 추진하는 데 있어서도 김대중 대통령은 원칙을 유지하면서 단계적으로 여론검증을 거치는 것을 중요시했다. 김대중 대통령의 이 같은 리더십 특징은 지지율 측면에서 안정성으로 나타났다. 취임 이후 무려 14개월 동안이나 취임 첫 달과 다름없는 80% 전후의 높은 지지율을 유지했다. 김영삼 대통령이 취임 14개월 만에 지지율이 30%대로 폭락한 것과는 큰 대조를 이룬다.

1 개인의 돈벌이보다는 나라 전체의 경제 상황이 지지율에 영향을 준다.

2 관심을 끄는 이벤트는 지지율을 반짝 끌어올리고, 전쟁 같은 국가 위기가 발생하면 대통령 중심으로 뭉친다.

3 부패, 스캔들, 거짓말이 알려지면 지지율은 하락한다. 반대세력과 갈등이 심하면 유권자는 대통령에게도 염증을 느낀다.

4 정치성향에 따라 대통령에 대한 지지 여부가 결정되기도 한다.

5 파격적인 성향의 대통령은 지지율 등락이 심하고, 차분한 성향의 대통령은 지지율이 안정적이다.

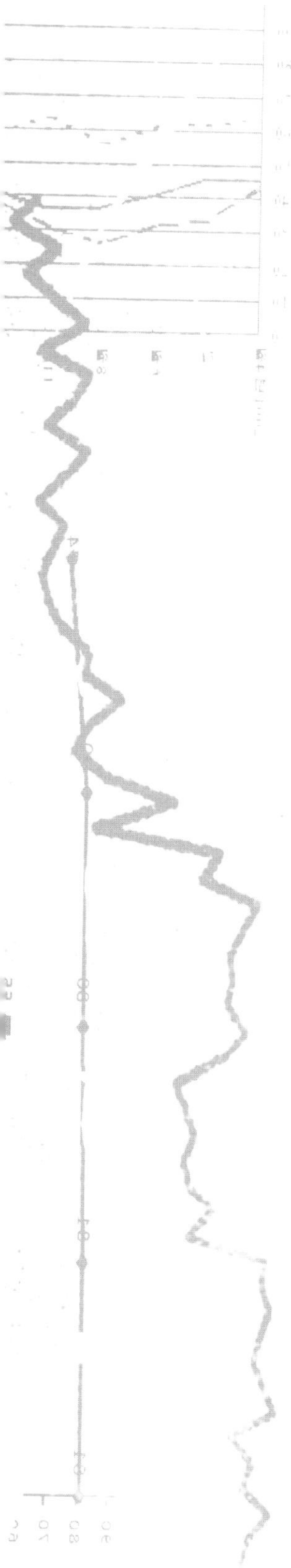

6

뉴스 한 꼭지의 위력

지지율을 흔드는 뉴스

뉴스 종류가 중요하다

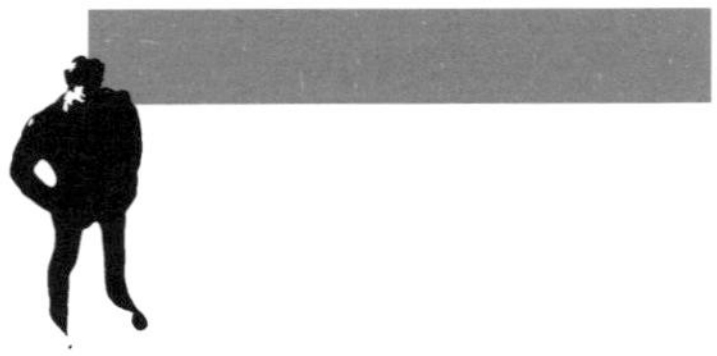

우리는 언제나 미디어에 노출돼 있다. 어디를 가든지 TV가 있고 잡지를 볼 수 있으며 인터넷에 접속할 수 있다. 최근에는 스마트폰이 널리 퍼져 걸어 다니면서도 원하는 정보를 얻을 수 있게 되었다. 미디어는 엔터테인먼트의 원천이기도 하지만 사람들이 정보를 얻고 상황의 변화를 깨닫고 여론의 동향을 파악하게도 한다. 특히 정당이나 정치인의 활동을 평가할 때 필요한 정보는 미디어를 통해 얻는 것이 전부라고 할 정도로 의존도가 크다. 이 때문에 대통령을 포함해 정치인에 대한 여론의 평가에 미디어가 큰 영향을 줄 수밖에 없다.

지금까지 많은 학자들은 미디어가 사람들의 평가와 판단에 영향을 주는 과정에 대해 연구를 했다. 워낙 많은 이론과 다양한 가설이 존재하지만 여기서는 가장 이해하기 쉬운 이론을 소개한다.

사람들은 판단이나 의견을 말할 때, 머릿속에서 가장 쉽게 떠올릴 수 있는 정보의 영향을 받는다. 그런데 가장 쉽게 떠오르는 정보란 미디어를 통해 가장 최근에 입수한 정보다. 이는 가장 최근에 접한 미디어에서 본 영상, 소리, 텍스트가 특정 사안을 평가할 때 가장 큰 영향을 준다는 것을 의미한다. 이것이 접근성 이론이다. 쉽게 말해 미디어에서 얻은 최신 정보가 사람들의 판단을 좌지우지한다는 것이다.

예를 들어 휴일에 집에서 쉬는데 대기오염에 관한 여론조사를 실시하는 전화를 받았다고 하자. 평소에는 대기오염에 별 신경도 안 썼고 대수롭지 않은 문제로 생각했던 사람이지만, 전날 우연히 환경의 중요성을 강조하는 프로그램을 접했다면 대기오염의 적극적인 방지를 찬성하는 쪽으로 대답을 하게 된다.

미디어의 영향은 경제적인 측면에서도 설명이 가능하다. 사람들이 판단과 의견을 내기 위해 직접 정보를 얻으려면 많은 시간과 비용이 든다. 필요한 정보원을 시간을 내서 만나야 하고 관련 정보가 실린 자료들을 돈을 들여 사봐야 한다. 미디어, 그중에서도 뉴스는 이런 정보원과 자료를 대신 만나고 분석해 간결하고 명확히 정리된 정보로 만들어 전달한다. 사람들은 언론사에 어느 정도 신뢰를 두는 것은 바로 이런 역할 때문이다.

지지율을 흔드는 뉴스

데이비드 캐머런 영국 총리는 야당 당수 시절인 2009년 2월, 6살 나이로 숨진 아들의 장례식을 치렀다. 아들 아이반은 중증 간질을 일으키는 오타라하 증후군을 갖고 태어났다. 캐머런은 바쁜 정치인의 삶 속에서도 각별한 부정을 드러내며 아들과 많은 시간을 보냈다. 또 아들과 같은 장애를 가진 아이들을 찾아가 격려의 말을 아끼지 않았다. 그는 아들의 장례식에 조화 대신 중증질환을 앓는 어린이를 위한 기부금 모금을 제안하기도 했다. 장례식을 치르고 얼마 뒤 여론조사에서 캐머런의 지지율은 한 달 전보다 17%나 상승한 59%를 기록했다. 고든 브라운 당시 총리의 35%를 월등히 앞서는 지지율이었다.

캐머런의 지지율이 급상승한 것은 아들의 장례식을 통해 나타난 장애 아들을 보듬는 자상한 아버지의 모습 때문이었다. 이런 아버지라면 차기 총리로서 적합할 수 있다는 생각이 유권자들의 머릿속에 떠올랐고 이는 지지율로 연결됐다. 그런데 유권자들은 캐머런이 장애 아들을 둔 자상한 아버지라는 정보를 어디에서 구했을까? 캐머런을 개인적으로 아는 사람들은 직접 보고 들어서 알았겠지만 대부분의 유권자들은 뉴스를 통해 간접적으로 알았다.

지지율에 영향을 주는 요인들은 앞장에서 살펴본 대로 경제상황, 이벤트, 국가적 위기, 부정부패와 말실수, 유권자 정치성향, 대통령 특성 등이다. 이 가운데 정치성향을 제외하고 나머지는 유권자들이 직접적인 경험보다는 뉴스를 통해 간접적으로 정보를 얻어 알게 되는 것들이다. 사람들은 대통령과 같은 정치지도자를 평가할 충분한 정보와 지식을 갖고 있지 않기 때문에 평가를 위한 실마리가 필요하다. 이때 가장 구하기 쉬운 실마리는 대통령과 그의 행동을 다룬 뉴스다.

이런 의미에서 뉴스를 만들어내는 언론사는 대통령과 여론의 중재자다. 언론사는 대통령과 그의 행동을 파악하고 분석해 정보로 만들어 대중에게 전해준다. 그리고 대중은 이런 정보를 단서로 이용해 대통령을 평가한다. 따라서 뉴스에서 우호적으로 묘사되는 대통령은 여론의 지지를 얻는 데 큰 어려움이 없는 반면 부정적으로 다뤄지는 대통령은 인기를 잃기 쉽다.

사람들이 뉴스의 영향을 받는 것은 뉴스와 기존 인식의 불일치를 줄이려는 경향을 보이기 때문이다. 사람들은 대통령에 대해 마음속에 일정한 그림을 갖고 있다. 믿을 만한 정치인이란 생각에서 도둑놈이란 생각까지 다양하다. 때로는 아무런 인식이 없을 수도 있다. 그런데 뉴스를 통해 새로운 정보를 접하게 되면 이를 기존의 인식과 비교한다. 그리고 뉴스의 내용과 기존 인식 사이에 격차가 크다면 인식을 뉴스의 내용에 가깝도록 바꾼다.

대통령에 대해 능력이 있으면서도 도적적인 정치인으로 평가했는데 대통령 측근의 비리에 관한 뉴스를 접했을 경우, 뉴스에 맞춰 인식을 부정적인 방향으로 바꾼다. 반대로 대통령을 부정적으로 생각했는데 대통령이 매우 지도자다운 모습을 보여주는 뉴스를 접할 경우 대통령에 대해 긍정적으로 생각하는 경향이 나타난다. 특히 이런 인식 변화의 경향은 긍정적인 뉴스보다는 부정적인 뉴스에서 더욱 강력하게 나타난다.

한편 임기 첫해의 지지율은 허니문 현상 덕분에 상당히 높은 수준을 유지하는데, 이 역시 뉴스의 영향을 받는 것으로 볼 수 있다. 한국이나 미국이나 임기 첫해에는 부정적인 뉴스보다는 긍정적인 뉴스가 상대적으로 많고 이런 호의적인 보도가 지지율을 높게 유지하는 경향으로 나타나기 때문이다. 부정적인 뉴스의 영향에 대해서는 이후에 더욱 자세히 다룬다.

뉴스 종류가 중요하다

그렇다면 모든 뉴스가 지지율에 영향을 주는 것일까? 과거에는 간첩단 사건처럼 북한을 다룬 뉴스가 대통령에 대한 국민의 지지를 높이는 작용을 했다. 일종의 위기 상황인 덕분에 대통령에 대한 국민적 지지를 끌어올리는 작용을 했고, 이는 선거에서 여당의 승리에 일조하기도 했다. 그러나 지금은 이런 뉴스가 나와도 대통령의 지지율이 상승하는 것 같지 않다.

살인 같은 강력범죄가 늘어난다는 뉴스나 정부의 정책을 다룬 뉴스는 어떨까? 대답을 위해서는 뉴스를 세분해서 지지율에 미치는 영향이 있는지 알아봐야 한다. 대통령 지지율과 관련해 뉴스는 크게 다섯 가지로 구분될 수 있다. 첫째는 대통령 뉴스로 현직 대통령을 다루거나 청와대나 대통령의 측근을 언급한 뉴스다. 인간적 매력을 부각시키거나 스캔들을 다룬 뉴스, 대통령의 공무와 입법 활동 등 직무를 다룬 뉴스 등이다. 둘째는 정부와 여당, 의회, 국회의원의 활동을 다룬 뉴스다. 대통령의 국정 수행은 이들 각각과 유기적인 관계를 맺으면서 이뤄지기 때문에 이들의 활동을 다룬 뉴스를 살펴봐야 한다. 셋째는 경제 뉴스다. 많은 경제 현상은 사실 매우 복잡해 이해하기 어려울 때가 많지만 뉴스는 경제 현상을 단순화시켜 알기 쉽게 정리한다. 물가, 실업, 경제성장, 외국과의 자유무역, 기업 활동, 신기술 개발 등이 경제 뉴스의 주요 내용이다. 넷째는 북한 뉴스다. 여기에는 대북 정책이나 북한의 대남 활동을 다룬 것 등이 속한다. 그동안 북한을 다룬 뉴스는 한국 사회에서 큰 영향력을 행사해왔다는 게 통념이다. 대통령의 지지율 역시 북한 뉴스의 영향권에 있다고 여겨왔다. 이런 통념에 대한 확인이 필요하다. 다섯째는 범죄, 재난, 스포츠 등을 다룬 일반 사회 뉴스다. 한국에서는 대통령이 영향력이나 통제력을 행사할 수 없는 사건사고나 국가적 경사를 놓고서 대통령의 탓으로 돌리거나, 대통령의 공로로 생각하는 경향이 있다. 택시 운전자들이 길거리에서 교통사고가 난 것을 가리키며 "저것도 대통령 때문"이라고 농담 삼아 말하는 것은 이런 경향을 보여준다.

나는 이상의 다섯 가지 종류의 뉴스방송과 신문와 1993년 이후 대통령인 김영삼, 김대중, 노무현, 이명박 대통령의 지지율 간의 관계를 분석했다. 한편 경제의 경우, 경제상황 자체가 직접 지지율에 영향을 준다고 주장하는 연구가 많다. 따라서 그 영향을 확인하기 위해 경제 뉴스와 함께 물가상승률을 대표적인 경제상황으로 삼아 분석 대상에 포함했다.

그 결과 대통령과 청와대, 측근을 다룬 뉴스는 지지율을 두드러지게

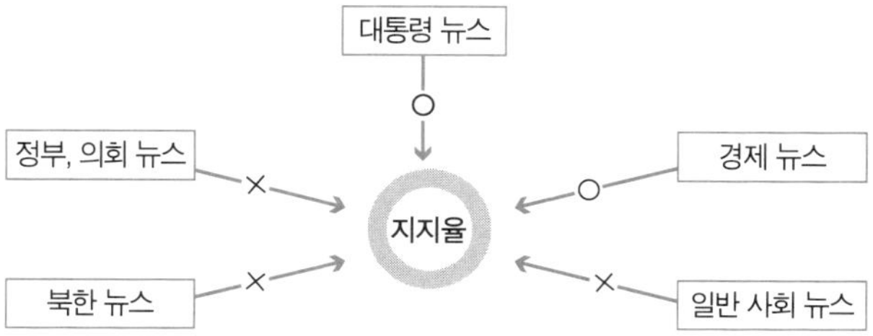

다양한 뉴스 중에서 대통령과 경제를 다룬 뉴스가 지지율에 영향을 준다

움직이게 하는 것으로 나타났다. 대통령이나 측근이 주인공인 스캔들을 다룬 부정적인 뉴스가 터졌을 경우 대통령의 지지율이 1.06~2.38% 떨어졌다. 또 경제 뉴스 역시 지지율에 상당한 영향력을 미치는 것으로 나타났다. 부정적인 경제 뉴스 하나가 대통령의 지지율을 2.42~2.50% 하락시켰다. 반면 나머지 뉴스인 정부나 여당을 다룬 뉴스, 북한 뉴스, 일반 사회 뉴스는 영향력이 미미했고 물가상승률 역시 영향력을 무시할 만했다.

이런 결과는 유권자들이 대통령과 측근을 다룬 뉴스와 대통령에 대한 평가를 직접 연관시키지만 정부, 의회, 여당의 활동에 대해서는 별건으로 생각해 대통령과는 크게 연결시키지 않는다는 것을 의미한다. 이는 유권자들이 대통령과 관련된 활동을 대통령과 청와대, 측근 등으로 좁게 한정한다는 점을 보여준다.

경제라는 변수와 관련해서는 경제상황 자체가 아닌 이를 정리해 전달하는 경제 뉴스가 큰 영향력이 있는 것으로 나타났다. 기존 연구들이 경제상황, 그중에서도 나라 전체의 경제상황이 지지율에 영향을 준다는 결론을 내리고 있지만 실제로는 뉴스를 통해 간접적으로 지지율에 영향을 미치는 데 그치고 있는 것이다. 즉 경제는 그림에서처럼 지지율에 직접 영향을 미치는 변수가 아니라 경제 뉴스를 거쳐 영향력을 발휘하는 간접 변수인 셈이다.

이번 분석에서 한 가지 주목할 점은 북한 뉴스이다. 과거 1970~

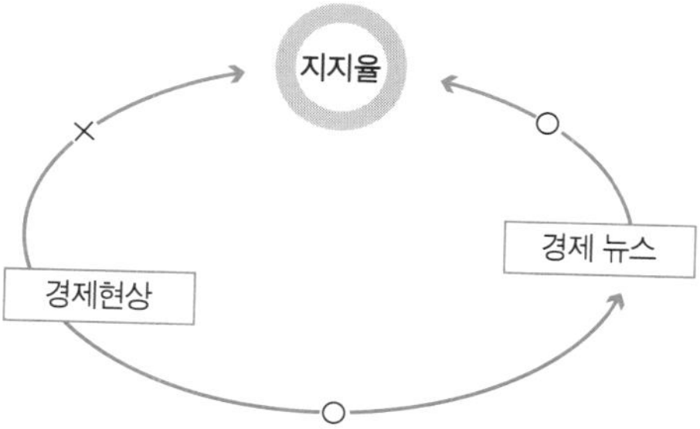

경제현상이 아닌, 경제현상을 전달하는 경제 뉴스가 지지율에 영향을 준다

1980년대 북한 관련 변수는 한국 정계는 물론 사회 전체를 뒤흔드는 강력한 변수였다. '북풍'이라는 이름으로 불리며 선거판을 좌지우지했고, 대통령에게 힘을 보탰다. 이런 경향은 지금까지도 이어질 거라는 것이 통념이었다. 하지만 북한 뉴스는 지지율과는 별다른 관련이 없었다. 특히 2000년 이후에는 관련성이 더욱 희박해진 것으로 보인다. 2010년 3월 천안함 격침이라는 전형적인 '북풍' 사건이 터졌지만 대통령의 지지율은 계속 내려갔고, 몇 달 뒤 치러진 지방선거에서 집권당이 참패한 것은 북한 뉴스가 영향력이 없다는 점을 단적으로 보여준다.

1 우리가 아는 정보의 대부분은 뉴스에서 구한 것이고, 지지율에 영향을 주는 정보도 대개는 뉴스를 통해 얻는다.

2 대통령을 직접 다룬 뉴스는 지지율에 영향을 준다. 그러나 정부나 의회를 다룬 뉴스, 일반 사회 뉴스, 북한 뉴스는 지지율하고 별 관련이 없다.

3 경제는 지지율에 중요한 변수로 알려져 있지만 직접 지지율에 영향을 주기보다는 경제현상이 뉴스로 다뤄질 때 영향력을 발휘하는 간접 변수다.

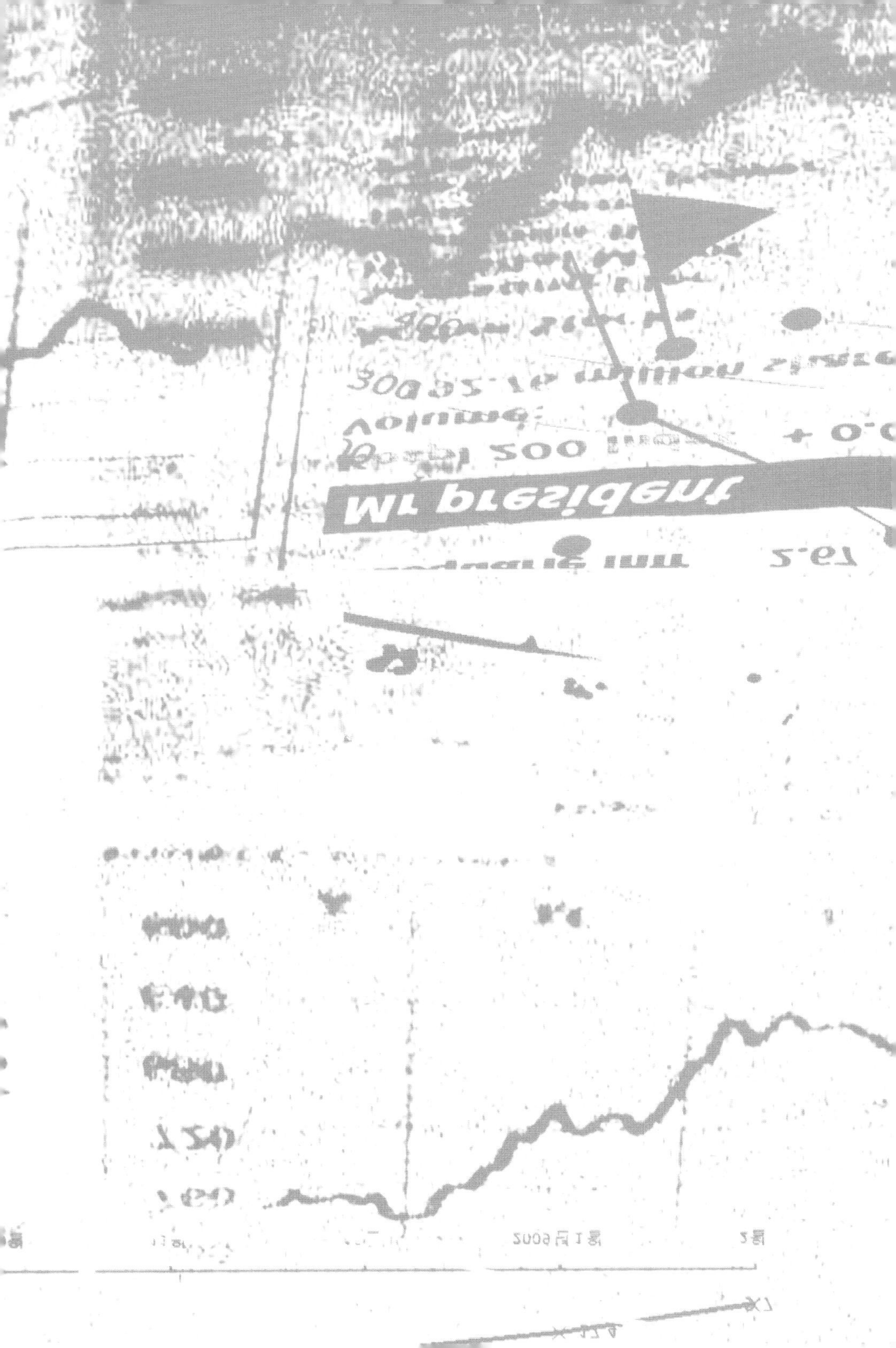

7

지지율 폭락의 주범, 네거티브 뉴스

2010년 8월 23일 MBC의 메인뉴스 프로그램인 〈뉴스데스크〉는 총 24개의 뉴스를 내보냈다. 이 가운데 부정적인 내용을 다룬 뉴스가 무려 14건으로 긍정적인 소식을 다룬 뉴스 4건, 중립적인 사실만 전달한 뉴스 6건에 비해 압도적으로 많았다.

어제 당신은 방송, 신문, 잡지 혹은 인터넷에서 적어도 한 가지 이상의 뉴스를 읽었다. 그중에서 기억나는 뉴스는 무엇인가? 아마도 정치인이나 고위관료의 부정부패, 사회비리, 살인사건 등에 관한 뉴스가 아닐까? 이른바 검찰 접대의혹이나 황우석 논문 사건처럼 '쇼킹' 한 뉴스가 나온 다음날 이런 뉴스는 거의 모든 사람의 입에 오르내린다. 언론사 역시 미담 같은 긍정적인 내용보다는 정치인 스캔들처럼 부정적인 뉴스를 훨씬 많이 다루고, 거기에 더 많은 관심을 기울인다.

네거티브 뉴스에 주목하고 관심을 기울이는 것은 인간의 본능적인 행동이다. 모든 정보는 중요도에 있어서는 천차만별인데 인간은 본능적으로 긍정적인 정보에 비해 부정적인 정보에 더 큰 비중을 둔다. 동굴이론에 따르면, 안전을 위해 동굴 속에서 생활한 원시인은 자연스럽게 네거티브 정보에 촉각을 세운다. 동굴 밖은 맹수 같은 위험이 도사리고 있지만 미리 알 수가 없다. 그래서 만일에 하나 동굴 밖에 맹수가 기다리고 있을 수 있기 때문에 원시인들은 바람소리, 냄새, 빛의 움직임 등 사소한 것 하나하나를 신경을 쓴다. 이때 안전을 담보할 수 있는 것은 긍정적인 정보가 아니라 부정적인 정보다. 평소와는 다른 이상한 냄새, 어지러운 빛의 움직임, 일상과는 다른 바람소리 혹은 비명 소리 등이 화창한 날씨, 상쾌한 꽃냄새, 시원한 바람 소리보다 더욱 중요한 정보다.

현대에 접어들어서도 사람들은 피하고 싶은 위험에 대한 단서를 찾기 위해 본능적으로 부정적인 정보에 더욱 귀를 기울인다. 원시인과 마찬가지로 부정적인 뉴스에 관심을 쏟는다. 부정적인 정보를 자칫 놓치기라도 한다면 치명적인 위험에 빠질 수 있다는 걱정 때문이다. 이런 본능 때문에 사람들은 긍정적인 뉴스보다는 부정적인 뉴스를 더 주목하고, 더 잘 기억한다. 위험이 발생했다는 신호인 부정적인 뉴스에 더 큰 중요도를 부여하는 것이다. 같은 맥락에서 대통령을 포함한 정치인에 대한 평가에서도 부정적인 뉴스가 더 큰 주목을 받는다.

대통령이 바뀔 때마다 네거티브 뉴스가 늘어난다

대통령 지지율은 취임 당시 매우 높고 이런 높은 수준이 상당기간 이어진다. 이를 허니문 현상이라고 앞에서 설명했다. 그러나 2003년 이후 허니문 현상의 추세가 급격히 변했다. 노무현 대통령과 이명박 대통령의 지지율은 전임 두 명의 대통령과 마찬가지로 높은 지지율로 출발했지만 허니문 현상은 아주 짧은 기간만 나타났다. 최근 두 명의 대통령이 전임자와는 달리 제대로 된 허니문 효과를 누리지 못한 이유의 하나가 네거티브 뉴스의 증가다. 대통령과 측근의 비리, 정책 혼선과 갈등, 여야의 대립, 고위 공직자의 부도덕, 경기 침체와 기업 실적 악화, 서민들의 생활고 등을 다룬 뉴스를 네거티브 뉴스라고 할 수 있다. 반대로 대통령과 측근들의 높은 도덕성과 청렴, 정책의 원만한 진행과 만족스러운 결과, 국가 위상의 강화, 경제상황의 호전 등을 다룬 뉴스는 긍정적 뉴스, 즉 포지티브 뉴스에 해당한다.

한국에서 대통령 취임 초의 뉴스, 특히 대통령 뉴스는 더 이상 긍정적이지 않다. 나는 1993년 이후 임기 첫해 동안 신문과 방송〈조선일보〉와 〈MBC 뉴스데스크〉 뉴스의 톤tone을 조사했다. 톤은 뉴스가 독자와 시청자에게 주는 인상을 말한다. 긍정적인 인상을 주는 뉴스는 1점, 부정적인 인상을 주는 뉴스는 -1점, 나머지는 0점으로 해서 뉴스 톤을 계산했다.

그 결과 김영삼 대통령의 취임 첫해 10개월간 뉴스5가지 종류의 뉴스의 톤은 평균뉴스 톤의 점수를 모두 더한 뒤 뉴스 건수로 나눈 수치 -0.01, 김대중 대통령은 -0.12였다. 전반적으로 부정적인 보도가 약간 더 많았다는 점을 보여준다. 뉴스 톤은 노무현 대통령 이후 갑자기 악화된다. 노무현 대통령이 취임한 2003년 한 해 동안 뉴스 톤은 평균 -0.37까지 떨어졌다. 이는 전반적인 뉴스의 내용이 정적인 방향으로 치우쳤다는 것을 보여준다. 이명박 대통령에 와서는 더욱 부정적인 보도가 늘어 뉴스 톤이 평균 -0.44였다.

대통령과 청와대 등을 직접 다룬 이 대통령 뉴스만으로 한정하더라도 같은 결과였다. 1990년대 취임한 대통령 뉴스의 톤이 취임 첫해 평균 0.5 정도인데 비해 2000년대 취임한 대통령들은 -0.2~-0.4까지 내려갔다.

월별 뉴스 톤을 대통령 간에 비교하면 네거티브 경향은 더욱 뚜렷하다. 김영삼, 김대중 대통령의 취임 첫해 월별 뉴스 톤의 평균은 줄곧 플러스였지만 이후 대통령들은 플러스와 마이너스를 오가는 혼란된 모습을 보였다. 특히 노무현 대통령은 취임 첫해 10개월 동안 겨우 두 달만 뉴스 톤이 플러스를 기록했고 나머지는 마이너스였다.

네거티브 뉴스가 늘어나는 이유

대통령을 다룬 뉴스는 물론, 전반적인 뉴스들이 부정적인 내용을 더욱 많이 다루는 이유는 무엇인가? 이유를 찾기 위해 현직 언론인, 그중에서도 대통령을 늘 지켜보면서 관련 기사를 생산하는 청와대 출입기자들을 상대로 인터뷰를 했다. 대통령에 관한 정보를 늘 접하고 뉴스를 생산하는 기자들인 만큼 현장의 실상이 반영된 이유를 얻을 수 있으리란 기대 때문이었다.

그 결과 이유를 몇 가지로 정리할 수 있었다. 가장 큰 이유로는 언론사 간의 경쟁이 격화됐다는 점을 꼽을 수 있다. 1990년대 초만 해도 몇몇 신문과 방송이 언론계를 과점하면서 이들 간의 경쟁은 그리 치열하지 않았다. 그러나 2000년대 이후 언론계는 분화돼 무가지, 인터넷신문 등 수많은 소형 언론사가 등장했고, 자리를 잡았다. 언론사들은 독자를 잡기 위해 치열한 경쟁을 벌였는데, 독자의 눈을 사로잡는 부정적인 내용이 많이 들어 있는 뉴스 위주로 지면을 꾸몄다. 자극적인 기사로 경쟁을 하는 일이 만연된 것이다. 초기에는 소형 언론사들만의 행태였지만 점차 주류 언론들 역시 선정성이 강한 네거티브 뉴스를 늘려나갔다.

언론의 자유가 강화된 것도 한몫했다. 1993년 문민정부가 들어선 이후 언론의 자유가 자리를 잡았고 언론이 정치에 미치는 영향도 커졌다.

특히 2000년대 들어 한국의 언론은 스스로 권력기관으로 성장해 대통령조차 혹독히 비판하는 데 주저하지 않았다. 언론의 비판은 언론의 자유라는 이름 하에 정당화됐고, 더 많은 네거티브 뉴스가 유권자들에게 전달됐다. 게다가 1990년대 이후 시민운동의 활동이 늘어나면서 대통령의 국정운영과 정부 정책을 감시하는 역할도 강화됐다. 이 과정에서 비판적인 내용을 담은 정보들이 다량으로 생산됐고 이런 정보들은 뉴스의 좋은 소재가 됐다. 당연히 네거티브 뉴스가 늘었다.

언론사의 정치성향이 분화 또는 양극화된 것도 네거티브 뉴스를 확산시켰다. 언론사 간의 정치적, 이념적 성향은 과거에는 큰 차이가 없었다. 1990년대만 해도 신문이나 방송 모두 똑같은 사안에 대해서 비슷한 뉴스를 비슷한 방식으로 다뤘기 때문에 뉴스 간에 차이를 발견하기 어려웠다. 특히 대통령에 대해서는 국정활동이나 개인생활을 평가하기보다는 무미건조하게 전달하는 역할에 그쳤다. 그러나 언론의 자유가 확대되고 언론사 간, 기자들 간에 생각의 차이가 확연하게 드러나면서 정치성향의 분화가 일어났고 같은 사안을 놓고도 언론의 보도가 크게 달라졌다.

이른바 '시대정신' 이라는 측면에서도 지지율 하락을 설명할 수 있다. 시대정신은 한 시대를 관통하는 핵심적인 가치와 임무 정도로 정의될 수 있는데, 이런 시대정신이 분명하고 유권자들의 공감을 살 경우 대통령에 대한 지지가 높아진다. 첫 문민정부인 김영삼 대통령 당시에는 군부독재의 잔재를 완전히 일소해 민주주의 개혁을 완성하는 것이 지상 과제였다. 김대중 대통령은 사상 초유의 외환위기와 함께 취임을 한 탓에 가능한 빨리 위기를 극복해야 한다는 지상과제가 있었다. 눈앞의 어려운 과제를 앞두었기에 대통령을 지지해야 한다는 공감대가 유권자들 사이에 있었다. 언론도 이런 분위기를 의식해 대통령을 긍정적으로 다루고 대통령의 정책을 지지했다. 그러나 2000년 이후에는 시대정신이 흐려졌다. 경제 활성화나 지역감정 극복과 같은 과제가 나오기는 했지만, 절실함에서는 이전 대통령의 과제보다 못했고, 유권자들의 공감도 약했다. 대다수가 공감하는 과제가 없어 대통령에 대한 여론과 언론의 지지는 상대적으로 허약했다.

지지기반의 차이도 네거티브 뉴스 증가의 이유가 될 수 있다. 1990년대 취임한 대통령들은 오랜 민주화 운동을 통해 안정적이고 넓은 지지기반을 확보했다. 김영삼 대통령은 부산, 경남과 중산층이라는 지지층을, 김대중 대통령은 호남과 노동계층을 지지기반으로 가졌다. 이들 지지층은 대통령이 어떤 정책을 내놓거나 어떤 행동을 해도 지지를 철회하지 않았다. 이와는 달리 2000년대 대통령들은 좁고 약한 지지기반이 특징이다. 노무현과 이명박 대통령은 모두 주류층 출신이 아니다. 방송을 통한 매력적인 이미지와 막연한 기대를 통해 정치적으로 성공했고 대통령까지 됐다. 이런 경우에는 지지기반이 유동적이고 불안해 작은 실수 하나로도 여론의 지지가 일거에 사라질 수 있다.

대통령의 리더십과 정책 수립 스타일에서도 과거 대통령과 최근의 대통령은 차이를 보이고, 이것이 지지율의 차이로 나타났다는 분석도 가능하다. 가장 오랜 기간 허니문 현상이 유지됐고 임기 전반에 걸쳐 지지율이 상대적으로 안정적이었던 김대중 대통령은 설득력이 강한 정치인의 대표적 사례로 꼽힌다.

야당 지도자 시절에도 그는 언제나 집권당 의원이나 유권자들을 인내심과 논리로 설득한 것으로 유명하다. 그가 대통령이 됐을 때, 통합을 강조했고 여론의 분위기를 의식해 과격한 변화보다는 점진적으로 하나하나 설득하면서 개혁을 추진했다. 김영삼 대통령은 결단력이 있지만 다소 즉흥적인 리더십을 가진 것으로 평가된다. 광화문에 자리 잡았던 조선총독부 건물을 철거하라는 지시는 결단력이 있는 조치로 볼 수 있지만 한편으로는 지나치게 감정적인 결정이라는 지적도 가능하다. 그러나 그의 정책 대부분은 여론의 동향과 여론주도층의 지지에 기반을 두고 있었다. 또 주류 언론과도 상대적으로 우호적인 관계를 유지했다는 특징이 있다.

하지만 노무현 대통령은 달랐다. 좌파적인 대통령으로서 그는 자신의 지지 세력을 중시했다. 설득 대신 갈등을 유발하고 '적 아니면 동지'라는 논리를 앞세워 핵심 지지층을 결집하는 데 치중했다. 반대로 보수 언론과는 갈등 속에 적대관계로 접어들었다. 이명박 대통령은 기업 최고경영자 출신으로 결단력이 있는 리더십을 가진 것으로 평가받지만 여론과 언론을 의식하지 않는 것을 자신의 정체성으로 내세우는 경향을 보였다. 그러나 이는 여론의 불만과 적대적인 언론 보도로 이어졌다.

1 사람은 본능적으로 부정적인 정보를 원한다. 그래서 뉴스도 부정적인 내용을 다룬 것이 더 많다.

2 최근의 대통령일수록 뉴스에서는 대통령을 가혹하게 다룬다. 이유는 여러 가지다. 언론사 간 경쟁이 치열해져 선정적인 뉴스가 늘고, 언론의 자유 덕에 대통령을 다루는 것도 성역이 아니게 됐으며, 언론사 이념이 극단으로 갈라져 입맛에 안 맞으면 비판하는 경향이 생겼다. 또 과거처럼 여론이나 언론을 하나로 묶는 시대정신이 없다는 점도 이유다.

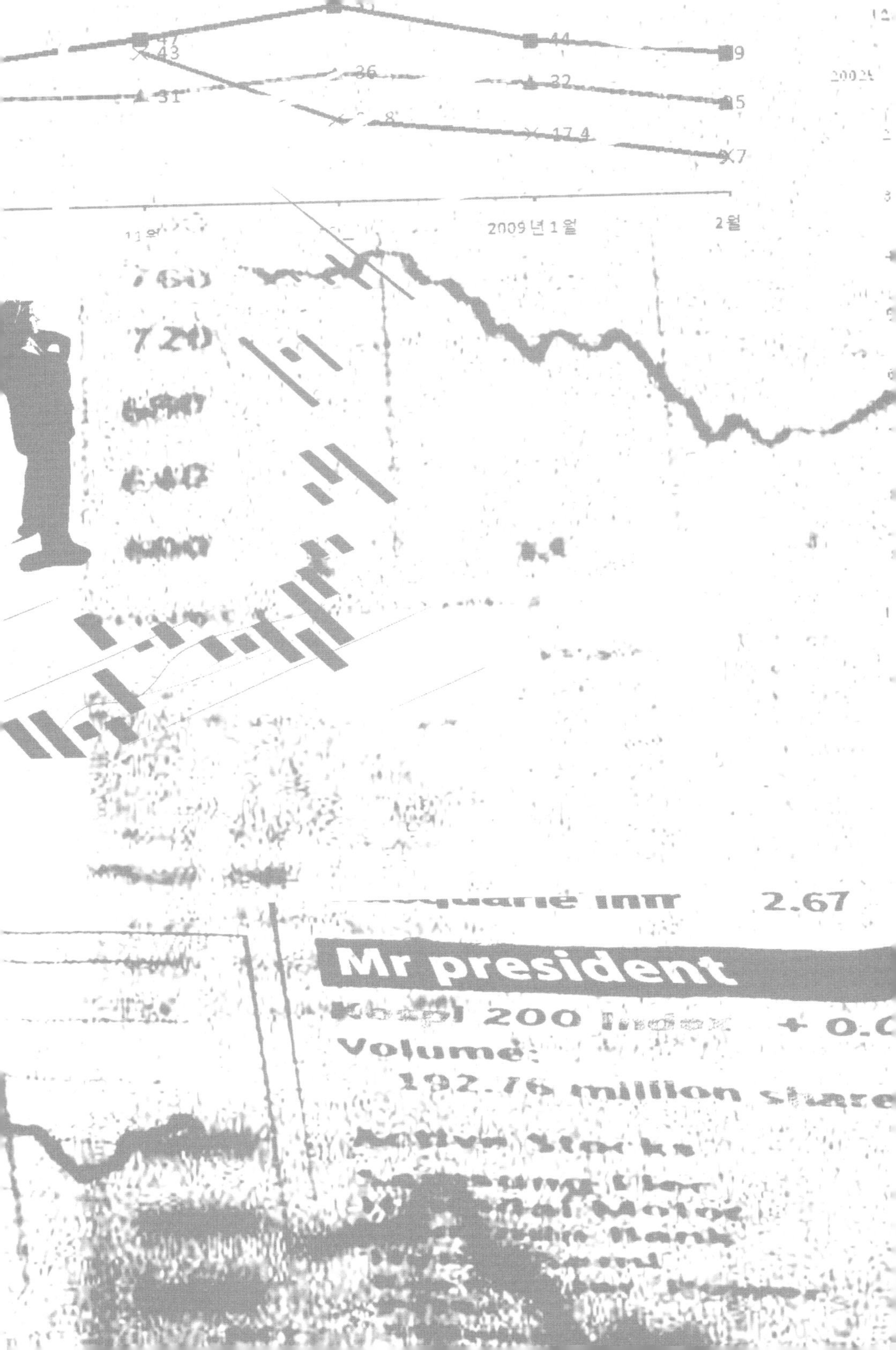
2009년1월
2월
2.67
Mr president
200
Volume:
million

8

루머에 녹아내리는 지지율

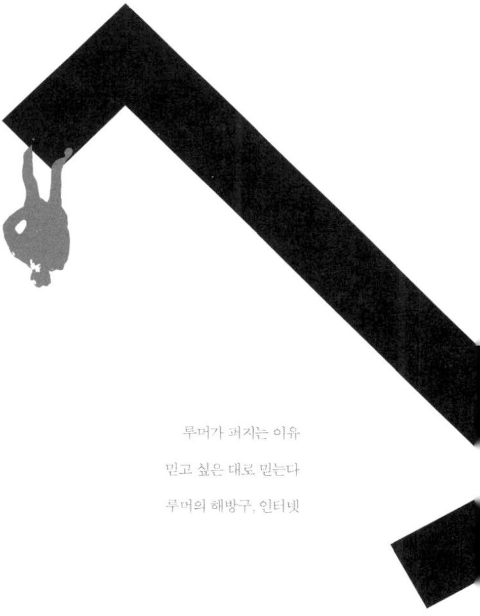

루머가 퍼지는 이유

믿고 싶은 대로 믿는다

루머의 해방구, 인터넷

2010년 6월 중순 남아프리카공화국 월드컵 조별 예선에서 한국이 아르헨티나에 대패하자, 한국 팀의 경기 모습에 대해 비난이 쏟아졌다. 기대가 컸던 만큼 실망도 커 여기저기서 비난의 목소리가 나왔다. 이 과정에서 인터넷을 중심으로 거스 히딩크 전 대표 팀 감독이 한국 팀을 두고 과격한 비판을 했다는 루머가 돌았다. 히딩크가 네덜란드의 〈풋볼 인터내셔널〉이란 잡지와의 인터뷰에서 "한국은 아르헨티나에 맞서 축구가 아닌 야구를 했다, 한국은 16강 진출이 어렵다"는 말을 했다는 것이었다. 히딩크의 발언 내용은 신문, 방송, 인터넷포털에 기사화돼 순식간에 전국으로 퍼져나갔고 히딩크가 경솔하게 한국을 비판했다는 역비난이 나오기도 했다.

하지만 사실이 아니었다. 인터뷰를 했다는 잡지는 존재하지도 않았고, 당연히 히딩크는 그런 발언을 한 적이 없었다. 문제의 루머는 한 축구 동호회 사이트에 올라온 글에서 시작됐고, 이 글이 여러 스포츠 게시판과 인터넷 공간에 퍼졌다. 이를 보고 인터넷 언론사, 이어 중앙 언론들은 기사를 만들었다. 게시판에 글을 쓴 사람들도 사실확인 없이 다른 게시판의 글을 그대로 옮겼다. 이런 과정을 통해 조작된 내용을 담고 있는 루머가 인터넷과 사람들의 입을 통해 순식간에 '사실'로 둔갑해버렸다.

루머는 사람과 집단, 사건 등에 관해 증거가 불확실한 내용을 퍼뜨린다. 모호한 데다 입증이 되지 않았지만 매우 부정적인 내용을 담고 있어 알려질 경우 위협적인 상황을 만들 수 있는 정보가 루머다. 루머는 증거가 있지도 않지만 입에서 입으로 옮겨가면서 신빙성이 더해진다. 사람들은 '이렇게 많은 사람이 믿는데 뭔가 있겠지' 라는 생각을 하면서 루머를 옮기고, 그럴수록 더 많은 사람이 믿어 더욱 신빙성을 얻는다.

루머를 퍼뜨리는 이유를 몇 가지로 분류할 수 있다. 가장 흔한 이유가 루머를 퍼뜨리면 이익이 생기기 때문이다. 이익은 금전적인 것일 수도 있고, 이목이나 인지도를 높이는 것처럼 비금전적인 것일 수도 있다. 루머는 대상이 된 사람과 조직에 해를 입힐 수도 있지만 이는 부수적인 목적에 그친다. 가장 큰 목적은 루머를 퍼뜨리는 사람 혹은 조직에 이익이 되기 때문에 루머를 만들고 퍼뜨린다.

미국에서 공화당 인사들이, 민주당 출신 대통령이 임명하려는 장관에 대해 과거 행적을 들먹이며 도덕성을 문제 삼는 것은 대통령과 그 후보자에게 타격을 입히려는 목적 때문이다. 하지만 그보다는 공화당 측에 돌아올 반대급부, 즉 대통령의 장관 임명에 실망한 유권자들이 공화당을 지지하는 쪽으로 돌아서는 현상을 챙기려는 목적이 더 크다. 버락 오바마 대통령이 대선에 출마했을 당시 우파 성향의 정치 웹사이트들은 오바마 대통령이 인종주의자와 밀접한 관계가 있는 것처럼 루머를 만들어냈다. 이들의 목적은 네티즌의 시선을 끌어 자신들의 인지도를 높이려는 목적이 배경에 깔려 있었다. 이류 언론들이 특정 인물의 은밀한 사생활을 명확한 증거도 없이 기사화하는 것도 그 인물에 해를 주려는 것이 아니라 언론의 인지도를 높이려는 목적 때문이다.

상대적으로 고상한 이유에서 루머를 퍼뜨리는 사람도 있다. 그들은 신념에 가득 차고 대의명분에 사로잡혀 자신들이 내세우는 명분에 어긋나는 생각을 가진 사람을 매도한다. 그리고 그들을 처단하려는 목적으로 루머를 퍼뜨린다. 개인적 이익이 아닌 신념과 명분을 위한다는 점에서 이타적이라고 할 수 있지만, 이들 역시 진실은 중요하지 않다. 진실이라고 확신하지 못하면서, 때로는 거짓인 줄 알면서도 진실인 것처럼 루머를 만들어 퍼뜨린다. 예를 들면 김대중 대통령은 '공산주의자'라는 루머에 평생 시달렸다. 공산주의자라는 루머는 그가 정치적으로 입지가 탄탄해지던 1960년대 말부터 군부정권에 의해 만들어졌다. 당시 정권이 이런 루머를 퍼뜨린 것은 권력 유지라는 이익을 위한 목적도 있지만, 반공이라는 대의명분에 사로잡혀 북한과 약간이라도 유사한 생각을 가진 사람들을 공산주의자로 몰기 위한 것이었다. 그가 대통령이 된 뒤에도 보수층은 여전히 그가 공산주의자라고 생각했다.

가장 악질적인 경우는 남을 해치는 것을 즐기려고 루머를 퍼뜨리는 사람들이다. 루머를 퍼뜨리는 것이 어떤 이익을 주는 것도 아니며, 어떤 신념이나 대의명분이 있는 것도 아니다. 그저 남에게 해를 입히는 것, 그 자체가 목표이며 루머로 고통 받고 몰락하는 사람들의 모습에 갈채를 보낸다. 이들은 특히 자신의 '먹이'가 된 사람이 곤경에 처했을 때 막대기로 상처를 후벼내듯이 공격을 한다. 이처럼 루머를 퍼뜨리는 이유는 3가지로 구별되지만, 거짓이 아닐 수 있거나 거짓이 아닌 내용을 사실인 것처럼 포장해 전파한다는 점은 동일하다.

루머가 퍼지는 이유

사람들은 루머를 믿을 때 나름대로 합리적인 사고를 한다. 루머가 사실인지 아닌지를 알려면 충분한 정보를 구해 객관적으로 판단해야 하지만 이런 노력을 들일 이유가 대부분의 사람들에게는 없다. 일상이 바쁘기도 하지만 많은 루머가 사람들의 일상과는 직접적인 연관이 없다. 더구나 정보를 구할 때 드는 비용에 비해 효용이 미미하다. 이렇다보니 직접 경험으로 얻은 정보나 객관적인 자료보다는 자주 보고 듣게 되는 정보, 아는 사람들이 전해준 정보에 의존해 쉽게 판단을 한다.

유권자들 중에 후보에 대한 TV 토론을 보거나 선거 유인물을 정독한 뒤 투표를 하는 사람이 얼마나 될까? 십중팔구는 스쳐지나가듯이 본 선거벽보나 선거광고, 특정 후보에 대한 지인들의 평가나 막연한 인상에 근거해 후보를 고르고 투표를 한다. 효용이 적기 때문에 노력을 가능한 적게 들이는 합리적인 행동이 이런 현상을 만든다. 루머는 바로 이런 측면을 파고들어 전파된다.

가상 상황 한 가지. 직장인 A씨는 우연히 회사 동료로부터 루머 하나를 들었다. 대통령이 미국의 B군수회사에 오랫동안 투자를 했는데, 이라크전쟁과 아프가니스탄전쟁으로 군수물자 수요가 늘어 큰돈을 벌었다는 게 루머의 내용이었다. 게다가 한국이 파병한 군대가 이 군수회사로부터 물품을 공급받는다는 내용까지 묶여 있었다. A씨는 처음에는 '설마 그럴리가' 라며 루머를 믿지 않았다. 하지만 친구와 전화통화를 하다가 똑같은 내용을 또 듣고서는 루머가 사실일지도 모른다고 생각하게 됐다. 그러던 중 일간지 기자인 친구로부터 그런 루머가 실제로 서울 여의도와 광화문 일대에 나돈다는 소식을 들은 뒤에는 루머를 믿게 됐다.

며칠 뒤 A씨는 대학 동창회에 나갔다. 술잔을 기울이며 여러 가지 이야기를 하던 중 문제의 루머가 화제가 됐다. 많은 친구들이 이미 루머를 알고 있었고 신빙성이 있다고 여기는 것 같았다. 이때 한 친구가 흥분하며 상당히 그럴듯한 주장을 했다.

> "미국의 조지 부시 가문은 칼라일 그룹에 투자했는데, 이 금융그룹은 소총과 수류탄을 만드는 B 군수회사에 투자를 하고 있다. 대통령은 부시 가문과 가깝고 그들의 조언으로 B군수회사에 거액을 투자하게 됐다. 그렇기 때문에 B군수회사가 파병군대의 소총과 수류탄 보급업체로 선정됐다."

친구의 말에 다소 억지가 있다고 느껴졌지만 다른 친구들이 모두 동조하고 나섰기 때문에 억지를 지적할 분위기가 아니었다. 기업체 경영자 출신으로 돈 셈법이 빠른 대통령인 만큼 돈벌이를 위해 그럴 수도 있다고 나름대로의 논리를 만들어 루머를 사실로 받아들였다.

루머는 두 가지 단계를 거쳐 확산된다. 첫째는 개인적 과정이다. 한 개인이 특정 루머를 자꾸 들으면 그 루머를 믿게 된다. 처음에는 믿지 않지만 반복적으로 비슷한 내용을 접하면 신빙성이 있다고 여긴다. 여기에다 매우 신뢰하는 사람이나 단체가 루머를 진지하게 받아들이면 사람들은 루머를 사실로 믿게 된다. 자신이 잘 모르는 내용, 처음 접하는 내용에 대해서는 주변 사람들의 생각에 따라 자신의 판단을 결정하는 것이다. 위의 사례에서 A씨는 루머를 회사 동료와 친구들로부터 연거푸 듣고 같은 소문에 대해 주목하고 관심을 갖다가 기자인 친구의 설명을 듣고는 믿게 되는 과정을 겪었다.

둘째는 사회적 과정이다. 일단 몇몇 사람들이 루머를 믿게 되면 다른 사람들도 따라서 믿고, 루머가 거짓이라는 증거가 없는 한 믿는 사람의 수는 계속 불어난다. 루머가 힘을 얻어 사실의 단계로 격상되면 사람들은 의문이 들더라도 다른 사람과 생각을 같이한다. 루머의 세력이 워낙 막강하기 때문에 다른 견해를 내보일 경우 자칫 '왕따' 로 매도될 수 있어, 그냥 다수의 생각과 보조를 맞춘다. 더구나 자신의 이익과는 직접 상관이 없는 루머이기 때문에 왕따의 위협을 무릅쓰고 다른 주장을 할 이유가 없다. A씨는 대학 동창회에서 루머에 관해 다소 억지스러운 주장을 들었지만 모두가 동조하는 분위기에서 주장을 부인할 수 없었다. 검열을 통해 자신이 다수의 뜻과 같이 하는 것이라고 스스로를 합리화한 것이다.

처음에는 한 사람의 터무니없는 주장으로 시작하지만 주장이 반복되면 남의 말을 쉽게 믿는 사람들이 우선 루머에 가담하고, 이후 별다른 생각이나 관심이 없었던 사람도 다른 사람들이 믿는 것을 보고는 동조한다. 이어 루머에 회의적인 사람 역시 분위기에 눌려 자신의 생각을 바꿔 루머를 믿는다.

루머가 확산되는 과정에서 주목할 것은 같은 생각을 가진 사람들이 한자리에 모일 경우 루머에 대한 단순한 믿음이 확신으로 진화한다는 점이다. 자신의 생각이 타인의 동조를 얻었다는 이유만으로도 더 극단적인 방향으로 흘러간다. 대통령이 무능하고 뭔가 부패한 것이 있다고 생각하고 있는데, 다른 사람들도 똑같이 생각한다는 것을 알게 되면 기존입장이 더욱 단단해진다. 이어 토론이라고 할 기회를 갖게 돼 발언 기회가 오면 더욱 강하게 자신의 생각을 주장한다. 이런 과정이 반복되면 더욱 극단적인 주장들이 나오고 결국에는 가장 극단적인 주장이 집단의 생각으로 자리를 잡는다. 이 정도 상황에 이르면 루머는 '진실'의 지위로 격상된다.

믿고 싶은 대로 믿는다

버락 오바마 미국 대통령은 정체성에 대한 악의적인 루머로 곤혹을 치른 대표적인 대통령이다. 2008년 대선 선거 전부터 그는 이슬람교도란 억측에 시달려야 했다. 오바마 대통령의 완전한 이름은 버락 '후세인' 오바마다. 사담 후세인 등 중동의 독재자와 테러리스트를 연상시키는 이름 때문에 오바마 대선운동 진영은 후세인이란 이름을 의식적으로 사용하지 않았지만 경쟁자들은 유세에서 '후세인' 이란 이름을 반복해 강조했다.

대통령에 취임한 이후에도 오바마는 "미국 출생자가 아닌데도 가짜 사회보장번호를 쓰고 있다", "실제로는 이슬람교도다" 는 등의 루머에 시달렸다. 이런 루머들은 유권자들에게 영향을 미쳐 2010년 8월 〈타임〉이 실시한 여론조사에서 응답자의 24%가 오바마 대통령이 이슬람교도라고 생각하는 것으로 나타났고, 〈CNN〉의 여론조사에서는 응답자의 27%가 오바마 대통령이 미국에서 태어났다는 사실 자체를 의심하는 것으로 파악됐다. 사실이 아니라고 오바마 대통령 측이 수도 없이 증거를 제시해도 사람들은 쉽게 거짓된 정보를 바로잡지 않았다. 자연히 오바마 대통령의 지지율은 떨어져 그해 8월 43%로 임기 초에 비해 20% 포인트 이상 하락했다.

루머가 가져오는 대통령 지지율 하락 현상을 분석해보자. 똑같은 루머라도 이미 갖고 있는 편견, 정치적 성향, 선호도에 따라 반응이 다르다. 대통령 지지율이란 측면에서 루머를 받아들이는 것이 얼마나 용이한지에 따라 유권자 층을 3가지로 분류할 수 있다. 우선 '루머 수용층'이다. 이들은 자신의 생각과 믿음을 정당화하는 루머를 받아들일 만반의 준비가 된 사람들이다. 객관적인 정보를 제공하면서 대통령이 관련된 루머를 부인해봐야 설득이 안 된다. 이들을 설득하려고 애쓰다 보면 그저 다른 의혹만 더 추가될 뿐이다. 루머가 아니라도 대통령을 결코 지지하지 않는 사람들이다. 애초부터 지지층이 아니기 때문에 이들에게 루머가 퍼진다고 지지율이 달라지지는 않는다. 공화당을 지지하는 우파 유권자들은 오바마의 정체성을 의심해왔고 후세인이란 이름도 탐탁지 않았다. 이러던 차에 그가 이슬람교도이고 원래 미국 출생자도 아니라는 루머가 불거졌고 이는 그들이 갖고 있던 기존 생각에 딱 맞는다.

지지율 측면에서 중요한 계층이 바로 '루머 부동층'이다. 이들은 중립적인 입장에서 루머를 받아들인다. 루머를 들었을 때 곧바로 믿는 대신 루머의 내용이 타당한 것인지 따져보는 사람들이다. 내용이 그럴 듯하고 가능성이 크다고 생각하면 루머를 받아들이지만 그렇지 않을 경우 거부한다. 하지만 부동층은 끊임없이 반복되는 루머, 많은 사람들이 믿는 루머, 자신들이 신뢰하는 사람이 받아들이는 루머는 자신들도 받아들이는 경향을 보인다. 부동층은 전체 유권자 중에 가장 큰 비중을 차지하기 때문에 부동층이 루머를 받아들일 경우 지지율이 하락하기 시작한다.

마지막으로 '루머 회의층'은 일단 어떤 루머라도 부인한다. 이들은 대통령에 대한 맹목적인 지지층인데 루머를 거짓말로 간주해 귀담아 듣지 않는다. 하지만 부동층이 루머를 받아들이고 루머의 내용이 부인할 수 없는 사실로 판명되기 시작하면 그때서야 루머의 내용을 인정한다. 그렇지만 대통령의 단순한 실수로 치부할 뿐 대통령에 대한 지지를 철회하지는 않는다.

결론적으로 루머가 지지율을 끌어내리기는 하지만 대통령에 대한 악의적인 루머가 등장해 수용층이 믿는 단계를 넘어 부동층까지 가세를 해야 지지율이 하락한다. 처음에는 오바마에 반감을 가졌던 유권자들만이 루머를 믿었다. 하지만 취임하고 2년이 다 되도록 이어지는 루머에 오바마에게 중립적인 입장이었던 유권자들까지도 루머를 받아들였고 이는 지지율 하락으로 이어졌다.

2008년 공화당 부통령 후보였던 세라 페일린 알래스카 주지사의 사례는 동일한 루머를 놓고 수용층과 회의층이 어떤 반응을 나타내는지 단적으로 보여준다. 대선 캠페인 당시 그녀는 주지사에 불과한 경력, 그것도 미국에서 가장 척박한 주를 운영해본 경력밖에 없다는 점에서 외교적 자질을 의심받았다. 그러던 중에 페일린이 아프리카라는 이름이 대륙이 아닌 국가 이름인줄 알았다는 루머가 불거졌다. 한 방송이 공화당 내 제보자를 인용해 페일린이 외교적으로 매우 무식하다는 취지로 이 내용을 보도했고 루머는 삽시간에 퍼져나갔다. 누구나 객관적으로 생각해보면 터무니없는 비난에 불과한 것이지만 그녀가 촌구석

주지사에 불과한 외교 문외한이란 생각을 가진 민주당 지지자들은 루머를 그대로 받아들이며 즐겼다. 물론 공화당 지지자들은 일고의 가치도 없는 헛소문이라고 반박하며 흥분했다. 이 사건에서 민주당 지지자들은 페일린의 부정적인 루머를 언제든지 받아들일 준비가 된 루머 수용층이었던 것이다.

선거가 끝난 이후 페일린은 패배에도 불구하고 공화당의 보수주의 가치를 대변하는 정치인으로 각광을 받았고, 공화당의 얼굴로서 정치력을 얻었다. 이에 비례해 그녀의 사생활이 공개되면서 루머도 다양해졌다. "복수심이 강하고 겉과 속이 전혀 다르며 공과 사를 구분하지 못한다", "조금만 기분에 거슬려도 상대방을 마구 몰아세우고, 소리 지르며 물건들을 던진다"와 같은 인신공격성 루머도 있지만 "이민을 원칙적으로 반대한다면서도 히스패닉계 가정부를 고용했다"는 것처럼 근거가 있는 루머도 있었다. 민주당 지지자들은 그녀의 루머가 나올 때마다 '그럴 줄 알았다' 면서 기꺼이 루머를 받아들이고 즐겼지만 공화당 지지자들은 단순한 의혹이나 인신공격은 물론 객관적인 증거나 드러난 일에 대해서도 "극단적인 좌파들의 주장일 뿐" 이라며 일축했다.

루머의 해방구, 인터넷

대통령을 싫어하는 네티즌 한 명이 블로그 포스트에다 대통령의 정책에 대해 견해를 쓴다고 가정을 하자. 국제행사이를테면 G20과 같은 행사를 한국에서 개최하려고 힘센 몇몇 나라에 엄청난 돈을 들여 로비를 했고, 그 돈은 기업이 만든 비자금이었다는 내용이다. 충격적인 내용이지만 대통령을 헐뜯을 생각으로 만들어낸 루머다. 포스트의 글은 누구나 인터넷만 접속하면 볼 수 있다. 다른 블로거들이 포스트를 보고 관심을 나타내고는 퍼 간다. 블로거들이 포스트 내용을 퍼 나르는 것은, 사실이라고 믿을 만한 근거가 있어서가 아니라 거짓이라고 말할 만한 근거가 없기 때문이다. 짧은 시간 안에 이 내용이 꽤 많은 블로그에 등장한다. 삽시간에 인터넷에 퍼진 루머는 공식적인 뉴스 소스가 돼 인터넷 언론사의 취재망에 포착되고 곧 기존 방송, 신문에서도 다뤄진다. 내용을 바로잡는 글을 올리는 블로거가 나올 수 있지만, 그 글은 거의 눈길을 잡지 못한다. 결국 대통령의 행동에 심각한 의혹이 생긴다. 근거 없는 루머였지만 이제는 커다란 의혹으로 세력을 키운다.

인터넷은 개방된 공간이다. 누구나 마음대로 어떤 내용을 올릴 수 있고, 원하는 정보를 손쉽게 구할 수 있는 정보의 해방구다. 폭탄제조법과 자살 방법 같은 정보까지 흐른다. 이는 자유로운 생각을 옮긴 큰 텐츠 사이에 악의적인 혹은 매우 선정적인 루머가 파고들 여지가 많다는 의미이기도 하다. 그만큼 인터넷에는 거짓 정보가 넘쳐난다. 거짓 루머를 만들어내고 퍼 나르며, 이를 기사로 만들고 이는 오프라인으로 확산된다. 인터넷을 통한 루머의 확산은 검열제 말고는 사실상 막을 길이 없다.

특히 보수적인 정치인에게 인터넷은 치명적인 공간이다. 인터넷 세상의 주류는 규율과 절제보다는 무간섭과 자유를 중시하는 10~20대 젊은층이다. 특히 중산층 이하 젊은층이 분노를 폭력적으로 표현하는 곳이다. 이들은 기존 권위에 도전하는데, 기존 권위의 대표 격인 보수적인 정치인의 말과 행동 어떤 것도 비난과 질타의 대상이 된다. 심지어 그들의 존재 자체가 비난의 대상이 되기도 한다. 반면 진보적인 정치인에 대해서는 적극적인 지지를 보인다. 특히 개성 있는 정치인을 호의적으로 대하는 경향이 있다. 대선 후보로 나서 기이한 행동으로 유명해진 허경영, 통쾌한 발언으로 주목을 받았던 노회찬 등이 호평을 받은 것은 이를 방증한다.

인터넷상에서 루머는 때로는 음모론과 결합한다. 2008년 한바탕 몰아쳤던 광우병 파동이 대표적이다. 이명박 정부가 미국과의 자유무역협정FTA 체결이라는 경제적 성과를 위해 한국인의 건강에 치명적인 미국산 쇠고기를 수입한다는 것이 루머의 핵심이었지만, 여기에 미국인들도 먹지 않는 쇠고기를 수입한다는 설, 미국산 쇠고기를 먹는 것은 청산가리를 입에 털어 넣는 것과 같다는 설 등 음모론이 한데 묶여 인터넷을 달구었다. 정보가 많은 만큼 선택을 위한 경쟁도 치열한 인터넷에서, 사람들의 이목을 잡는 것은 흥미롭고 충격적인 내용을 담은 이야기다. 단순한 사실보다는 사실 이면에 숨겨진 이야기스토리가 더욱 관심을 끌며 이런 이야기를 다량으로 담고 있는 것이 음모론이다. 이런 음모론은 결코 증명할 수 없다는 약점이 있지만, 이런 약점은 음모론이 주장하는 사실을 반박할 증거 역시 내놓을 수 없다는 것을 의미해 사람들의 마음을 쉽게 파고들어 집요하게 살아남는다.

1 악의적인 루머는 지지율에 치명적인 영향을 준다.
2 많은 사람이 루머를 믿으면 믿지 않던 사람도 자연히 따라 믿는다.
3 대통령에 대해 평소 못마땅하게 생각하는 사람은 터무니없이 헐뜯는 루머라도 쉽게 믿는다.
4 인터넷은 온갖 악의적인 루머가 만들어지고 유통되는 곳이다. 거기에서는 루머의 확산을 막기 어렵다.

9

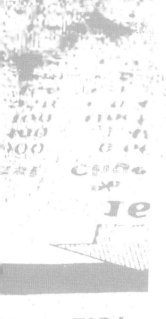

Governeering 1
지지율 하락을 막는다

워룸에서 상황을 정의한다

네거티브 루머와 뉴스, 4단계 대응 전략

거짓 루머에는 반박 정보를 쏟아붓는다

반대세력을 다룰 때는 악마의 지혜도 필요하다

야당이 극단적으로 나오면 오히려 약

대통령 선거에 나선 후보들은 지지율을 조금이라도 끌어올리려고 안간힘을 쓴다. 후보들은 자신들을 다룬 뉴스, 루머, 경쟁자의 동향 하나하나에 촉각을 세우면서 지지율 조사 결과에 일희일비한다. 선거가 가까이 올수록 절박함은 더하다. 그러나 막상 당선되고 난 뒤 그런 태도는 180도 달라진다. 지지율을 관리하기는커녕 별다른 신경도 쓰지 않는다. 지지율에 관심을 기울이는 것을 유치한 짓이라고 생각한다. 강 건너 불구경하듯 지지율에 무신경한 것이 마치 세파에 흔들리다 지조를 지키며 정치하는 하나의 길이라도 되는 것처럼 나오기도 한다. 그러나 지지율을 무시한 결과, 정책의 불발과 뒤이어 국정의 혼란이 따른다.

대통령이 하는 일은 국정운영 혹은 통치governing이다. 이는 유권자, 넓게는 국민 전체를 위한 것이다. 국정운영은 정책이라는 이름으로 모습을 드러내는데, 정책을 세우고 집행하기 위해서는 정부를 이끌고, 반대 목소리를 내는 세력을 설득하며, 제 몫을 먼저 생각하는 이해 당사자들을 중재해야 한다.

문제는 지지율에 따라 대통령의 위상과 능력에 차이가 난다는 점이다. 지지율이 높은 대통령은 정부를 관할하고, 야당을 설득하며, 이해 당사자들을 중재해 정책을 세우고 집행할 수 있는 강력한 힘을 갖고,

그 힘에 정당성이 실린다. 하지만 낮은 지지율로 고전하는 대통령은 여당조차 설득할 힘이 없다. 당연히 정책을 세우고 집행하는 데 큰 어려움을 겪고 결과적으로 국정이 혼란에 빠진다. 따라서 대통령에게는 지지율을 높이고 유지하기 위한 치밀한 관리engineering가 필요하다. 즉 대통령은 국정운영을 성공적으로 하기 위해 지지율을 치밀하게 관리하는 전략인 'governeering'을 마련해야 한다.

지금까지 다양한 각도에서 지지율을 살펴봤다. 높은 지지율이 왜 중요하고 지지율 조사에서 무엇을 눈여겨봐야 할지, 지지율은 시간이 흐르면 왜 하락하는지, 지지율에 영향을 미치는 요인은 무엇인지, 뉴스는 지지율과 어떤 관계가 있는지, 루머는 왜 치명적인지 등에 관해 설명했다. 이제 지지율을 올리거나 유지하려면 무엇을 할 수 있고, 해야 하는지 알아볼 차례다.

지지율 관리 전략은 지지율에 영향을 주는 요인들 속에 숨어 있다. 그 요인들을 다시 정리하면 소수파결집과 허니문 현상, 이벤트, 국가위기, 경제상황, 정치부패, 고정지지층, 대통령 특성, 뉴스, 루머, 반대세력의 정치적 공격 등이다. 이 가운데 국가적 위기나 경제상황 같은 변수는 영향력을 통제하기가 매우 어렵다. 전쟁이나 재난 같은 국가적 위기 발생 자체는 어찌 해볼 도리가 없고, 경제상황도 큰 경기 흐름 속에 개선과 악화를 반복한다는 점에서 관리하기는 사실상 불가능하다.

반면 눈길을 잡는 이벤트는 발생과 영향력을 통제할 수 있고, 부정적인 내용을 담은 뉴스와 루머, 반대세력의 움직임은 대응에 따라 파장을 제한할 수 있다. 또 소수파결집 현상이나 대통령의 특성도 장기간에 걸친 노력으로 제한적이지만 조절이 가능한 변수다. 즉 네거티브 뉴스와 루머, 반대세력의 움직임, 이벤트, 소수파결집, 대통령 특성은 governee ring을 통해 관리할 수 있는 변수다.

대통령 지지율 전략은 큰 그림에서 보면 간단명료하다. 첫째 지지율을 갉아먹는 대상을 격파하고, 둘째 지지율이 오를 분위기를 조성하고, 셋째 지지율 상승을 자극할 일들을 벌이면 된다. 첫째와 셋째가 비교적 짧은 기간에 집중적으로 실천할 수 있는 전략이라면 둘째는 상당한 시간이 걸리는 장기 전략이다.

지지율은 화초에 비유할 수 있다. 보기 좋은 꽃을 키우려면 꽃잎을 갉아먹는 벌레를 막아야 하듯이, 지지율을 유지하려면 네거티브 뉴스와 루머를 격파하고 반대세력이 쏟아내는 비판의 영향력을 차단해야 한다. 그렇지만 이런 노력은 그때만 효과를 낼 뿐, 꽃의 싱싱함과 아름다움을 오래 유지하려면 뿌리와 줄기가 튼튼해야 한다. 그러려면 적당한 햇빛과 물을 공급해야 한다. 이런 노력은 시간이 걸리지만 시든 꽃에 다시 생기를 불어넣을 수 있다.

지지율도 마찬가지다. 유권자 다수의 고민, 소망, 불안을 이해하기 위해 끊임없이 소통하고, 그들이 바라는 정책을 평소에 실천해야 한다. 꽃에 주는 영양제는 이미 시들어버린 꽃을 살릴 수는 없지만, 시들기 직전의 꽃잎에는 생기를 줘 싱싱하고 화사하게 만들 수는 있다. 눈길을 잡는 이벤트는 대통령을 돋보이게 만들어 지지율 상승을 자극한다.

이번 장에서는 꽃을 벌레로부터 보호하듯이 네거티브 뉴스나 루머의 영향을 막는 전략을 설명하겠다. 이어 다음 두 장에서는 뿌리와 줄기를 튼튼하게 하듯 지지율 상승의 토대를 닦는 전략과 꽃을 싱싱하게 만드는 것처럼 대통령의 매력을 부각시키는 전략을 차례로 소개하겠다.

워룸에서 상황을 정의한다

전쟁이 터지거나 국지적인 무력충돌이 발생하면 군통수권자와 참모들이 모여 상황을 한눈에 파악하고 작전을 협의하는 곳을 워룸war room이라 한다. 워룸에는 적의 움직임, 적진 내부의 사정에 관한 핵심 정보에서부터 사소한 동향까지 모두 모이고 이런 정보들을 바탕으로 전황을 분석하며 아군의 작전을 결정할 수 있는 시스템이 갖춰져 있다. 즉 워룸에는 다양한 경험과 배경을 가진 군사전문가들이 한곳에 모여 다양한 시각으로 정보를 수집하고 분석하며 전략을 만든다. 그리고 워룸에서 만들어진 분석과 전략은 전쟁 수행에서 핵심적인 역할을 한다. 워룸은 당초 1차 세계대전 참전국들이 설치했던 전시작전상황실에서 나온 말이지만, 최근에는 기업이나 국가가 비상사태를 극복하기 위해 설치하는 위기관리 상황실의 의미로 사용된다.

1992년 미국 대선에서 빌 클린턴 대통령이 워룸이라고 불리는 선거캠프를 만들면서 이 말이 정치적으로 사용되기 시작했다. 대선 승리에 장애를 줄 수 있는 각종 상황을 파악하고 분석해 대책을 신속히 마련하기 위한 장치였다. 워룸은 지지율 유지를 위해서도 활용될 수 있다. 여론 설득과 국정 운영을 원활히 하려면 대통령은 가능한 한 지지율을 높게 유지해야 한다. 그러나 생각지도 못한 뉴스와 루머, 반대세력의 움직임처럼 지지율을 갉아먹는 위험상황은 늘 예고 없이 발생한다. 만약 그 영향을 그대로 둘 경우 지지율은 가랑비에 옷 젖듯이 점차 내려앉고 대통령은 큰 정치적 위기를 맞을 수 있다. 따라서 대통령은 대선 때뿐만 아니라 임기 중에도 적합한 참모들로 구성된 워룸을 운영해야 한다.

워룸의 역할은 네 단계에 걸쳐 이뤄진다. 위험상황을 실시간으로 파악정보수집하고 그 내용과 영향을 분석해 상황을 정확히 정의상황정의하며, 상황에 적합한 대응책을 마련전략수립한다. 그리고 전략을 다양한 수단을 동원해 실행전략실행한다.

기초 단계인 정보수집 단계에서 중요한 것은 대통령과 관련된 네거티브 뉴스와 루머, 반대세력의 움직임에 관한 모든 정보가 워룸으로 모여야 한다는 점이다. 정보 수집 기관별로 따로 정보를 관리하거나 분석하는 것이 아니라 대통령과 관련됐다고 일차적으로 판단된 정보는 모두 워룸에 보고돼야 한다. 그래야 사소한 부분도 놓치지 않고 대응을 할 수 있고, 대응을 일관성 있게 할 수 있다.

본격적인 워룸의 역할은 상황정의부터다. 이 단계에서는 네거티브 뉴스와 루머, 반대세력의 움직임에 대한 분석이 이뤄지는데, 부정의 강도와 확산의 가능성이란 두 가지 기준을 적용해 상황을 정의한다. 부정의 강도는 네거티브 뉴스와 루머, 반대세력의 활동이 얼마나 부정적인 측면을 담고 있는지를 말한다. "대통령이 미국산 쇠고기의 문제점을 보고받았음에도 자유무역 체결이란 성과를 내기 위해 보고를 묵살했다"는 추측성 기사가 나왔을 경우, 부정의 강도가 매우 세다. 이런 정보를 유권자가 접할 경우 대통령이 개인적 야망을 위해 국민의 건강을 볼모로 삼았다는 매우 부정적인 인식을 가질 수 있다. 또 "대통령의 부인과 측근이 청와대 안으로 점쟁이를 불러들여 점을 봤다"는 루머가 있다면 대통령의 이미지를 나쁘게 한다는 점에서 매우 부정적이다. 또 전국의 환경, 시민단체들이 연합해 4대강 개발 계획의 문제점을 학문적으로 따져보는 세미나를 대대적으로 개최하고 이를 야당이 후원한다면, 뉴스로 크게 다뤄질 것이고 역시 지지율에는 좋을 것이 없다. 반면 "대통령이 읽는 것을 싫어해 분량이 많은 보고서를 꺼리고 A4용지 한 장의 간결한 보고서를 좋아한다"는 루머의 경우 대통령 개인의 스타일 문제를 다룬 것으로 부정의 강도가 약하다고 할 수 있다. 또 정부 정책에 반대하는 이익단체의 성명 발표나 소규모 시위 역시 강도가 약하다.

확산의 가능성은 네거티브 뉴스와 루머가 발생한 이후 얼마나 빨리 얼마나 많은 유권자들이 받아들일 수 있는가를 의미한다. 부정의 강도가 내용 자체에 대한 평가와 관련돼 있는 것에 비해 확산의 가능성은 뉴스와 루머, 반대세력의 공세가 발생한 당시의 사회적 상황과 관련돼 있다. 일례로 각료 임명을 둘러싼 혼란과 광우병 파동으로 대통령에 대한 불신이 극에 다다른 2008년 초에는 대통령에 관한 것이라면 억측에 가까운 루머, 터무니없는 비판 공세라도 유권자들 사이에 쉽게 퍼졌고 사실로 인식됐다. 이와 달리 2010년 11월 이른바 '청와대 대포폰'으로 대변되는 총리실의 민간인 사찰 의혹은 자칫 대통령에게 큰 정치적 곤경을 줄 수 있는 일이었지만, 북한의 연평도 폭격이라는 초유의 사건으로 파장이 매우 제한됐다.

부정과 확산의 4분위

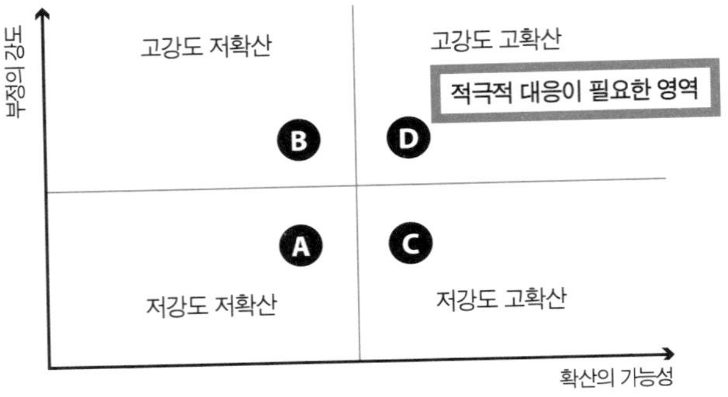

▌ 네거티브 뉴스와 루머, 반대세력의 공세는 강도와 확산 가능성에 따라 4그룹으로 나뉜다.

위 그래프에서 A영역저강도 저확산은 부정의 강도가 낮고 확산의 가능성도 높지 않아 네거티브 뉴스와 루머, 반대세력의 공세가 지지율에 미치는 영향이 미미하다. 국정운영과는 무관한 내용을 문제 삼는 데다 이를 유권자들이 진지하게 받아들일 상황도 아닌 경우가 여기에 속한다.

B영역은 부정의 강도는 매우 높은 데 반해 확산의 가능성이 낮은 경우다. 대통령의 지지율에 치명적인 영향을 줄 수 있는 사안이지만 네거티브 뉴스와 루머, 비판 공세가 불거진 당시의 상황 때문에 확산이 제한된다. 예컨대 2010년 초 불거진 봉은사 직영전환 외압에 관한 뉴스가 그에 해당한다. 여당의 핵심 인사이자 대통령의 측근이 정부에 비판적이라고 평가받는 스님이 주지로 있는 봉은사를 조계종의 직영사찰로 전환하도록 압력을 행사했다는 것이 골자다. 이로써 정권은 주지를 손보기 위해 노골적으로 간섭한다는 의혹에 휩싸였다. 당시는 대통령

의 기독교 편향적인 태도로 가뜩이나 불교계 내에 불만이 팽배해 있던 때에 터진 사건으로 부정의 강도가 높았고 내용상 확산의 가능성도 컸다. 야당 역시 대대적으로 공세에 나서는 모습이었다. 그러나 그해 3월에 터진 천안함 사건으로 북한과의 대결 상황이 벌어지고, 한반도의 군사적 긴장이 높아지면서 봉은사 외압 의혹은 그대로 묻혔고, 파장이 확산되는 것도 제한됐다.

C영역은 부정의 강도는 낮고 확산의 가능성은 높다. 별것 아닌 뉴스와 루머가 널리 확산되는 경우가 여기에 속한다. 대통령의 능력이나 도덕성과는 무관한 개인적인 취향에 관한 가십성 내용이 사람들의 입에 회자되는 것이 예가 될 수 있다.

D영역고강도 고확산은 부정의 강도와 확산의 가능성이 모두 높다. 예를 들어 대통령과 정치적 인생을 공유해온 한 국회의원이 기업으로부터 뇌물을 받고, 그 대가로 정부조달 입찰에서 사업을 낙찰 받도록 압력을 넣었다는 의혹을 야당이 폭로했다고 하자. 이 의혹은 언론을 통해 대대적으로 보도될 수 있다. 이런 종류의 뉴스는 급속히 확산되고, 유권자들에게 매우 부정적인 인식을 심어주어 지지율을 끌어내린다.

네 가지 영역 가운데 A는 영향이 미미해 별다른 전략이 필요하지 않고 B, C는 영향이 있지만 대통령 지지율에 심각한 손상을 주지는 않는다. 사실 관계를 바로 잡는 노력 정도만 해도 된다. 하지만 D영역에 속하는 네거티브 뉴스와 루머, 반대세력의 비판 공세는 지지율에 치명적인 영향을 줄 수 있기 때문에 정교한 전략을 만들어 적극적으로 대응해야 한다. 다음에는 지지율 하락을 막는 전략 중에 네거티브 뉴스와 루머에 대응하는 전략부터 알아본다.

네거티브 루머와 뉴스, 4단계 대응 전략

1992년 미국의 자동차정비업체 '시어스 오토센터'가 차를 수리하면서 필요하지도 않은 부품을 교체해 수익을 올린다는 의혹이 터졌다. 아직 멀쩡한 부품을 교체해 자동차를 잘 모르는 고객들에게 바가지를 씌운다는 의혹이었다. 그대로 놔 둘 경우 정비업체로서는 치명적인 이미지 손상을 받을 수 있었다. 회사는 의혹이 불거지자 즉각 〈월스트리트저널〉 전면 광고를 통해 회사의 입장을 전달하는 공개서한을 발표해 고객들에게 설명했다. 최고경영자인 에드 브레넌이 서명한 서한에서 시어스 오토센터는 '인정'과 '변명'이라는 두 가지 전략을 썼다.

우선 시어스 오토센터는 잘못을 인정했다. 수익을 많이 내는 정비기술자들에게 수당을 주는 인센티브 정책 탓에 일부 기술자들이 불필요한 부품을 교체한 사례가 있다는 점을 솔직히 인정했다. 그리고 이런 잘못된 관행을 고치기 위한 구체적인 계획과 절차를 바로 마련했으며, 재발을 방지하겠다고 약속했다.

다만 부품의 조기 교체에 대해서는 적극 변명했다. 시어스 오토센터는 고객의 안전을 최우선에 두는 예방적 정비가 회사 정책이라는 것이었다. 자동차 정비업체로서 어떤 비난이 쏟아져도 결코 포기할 수 없는 목표는 바로 고객의 안전이고, 이에 기초해 부품이 완전히 닳거나 고장이 나 문제를 일으키기 전에 교체를 권고해왔다는 점을 적극 설명했다.

광고가 나간 이후 시어스 오토센터를 둘러싼 바가지 의혹은 잠잠해졌고 고객을 위하는 정비업체란 이미지는 강화됐다.

뉴스와 루머에 대한 대응에서 기업은 정치인이나 정부보다 한발 앞서 있다. 네거티브 뉴스 · 루머가 기업의 매출을 줄이고 때로는 생사여탈을 결정하는 위기가 될 수 있기 때문에 어떤 대응을 해야 할지에 대해 고민을 많이 한다. 그만큼 기업의 대응에 대해서는 정교한 연구가 이뤄졌고 실용적인 전략도 상당수 제시돼 있다. 대통령을 둘러싼 혹은 정부와 정책을 둘러싼 부정적인 뉴스와 루머는 기업과 마찬가지로 위기를 만든다. 조기에 진화되지 않고 퍼질 경우 지지율을 폭락시키고 대통령이 국정을 운영할 수 있는 힘을 약화시킨다. 뉴스와 루머가 기업에는 손실로 이어지고 대통령에게는 지지율 하락을 가져온다는 점에서 서로 일맥상통한다. 따라서 기업의 위기 대응 전략은 지지율 유지에도 응용될 수 있다.

네거티브 뉴스와 루머는 사실상 예방이 불가능하다. 대통령의 국정운영, 정책 혹은 개인적인 언행에 대한 언론의 비판은 언제나 있다. 대통령을 둘러싼 근거 없는, 때로는 막무가내식 비방 수준의 루머도 인터넷을 통해 언제나 등장한다. 이를 원천적으로 막는 것이 가장 이상적이지만 민주주의 국가에서는 자칫 언론을 통제하고 소통의 길을 막는 부작용이 생기기 때문에 불가능하다. 대통령은 다른 방법을 찾아야 한다. 대통령이나 정부 입장에서 이런 뉴스와 루머에 대응을 하느라고 아까운 정력과 자원을 써야 하냐고 불평을 할 수 있지만 네거티브 뉴스와 루머에 대처하는 것은 민주주의를 유지하기 위해 어쩔 수 없이 부담해야 하는 비용이다.

네거티브 뉴스와 루머는 오래가지 않는다. 일정한 시간이 흐르면 진실이 드러나고 사람들은 "그때는 왜 그렇게 생각했지?"라고 말한다. 그렇지만 훗날의 이야기일 뿐이다. 당시에는 대통령의 지지율이 타격을 입고 정치적인 위기가 찾아온다. 이 때문에 그저 시간이 흘러 진실이 드러나기만을 바랄 수는 없다. 네거티브 뉴스와 루머가 발생했을 때 즉각적으로 대응하는 것이 중요한 이유가 여기에 있다.

그동안 한국의 각료 인선과 관련해 벌어진 일을 재구성해 가상 상황을 설정해보자. 대통령이 집권 후반기에 접어들어 공직사회의 쇄신을 위해 새로운 국무총리를 임명했다. 교수를 거쳐 시장을 역임했던 40대 후반의 젊은 총리를 전격 임명한 인사였다. 그는 시장 재직 당시 참신한 정책으로 인기를 모았던 만큼 국정에서 새로운 바람을 일으킬 것으로 기대를 모았다. 하지만 국회 인사청문회가 시작되자 총리 후보가 시장 재직 시에 공과 사를 제대로 구분하지 않았다는 의혹이 제기됐고, 이를 언론들이 보도했다. 시청 공무를 위해 관용차를 리스회사로부터 공급받아 사용했는데, 대량 구매에 관용이라는 점 때문에 정상가격보다 훨씬 싸게 제공받았다. 의혹의 내용은 시장 부인이 이 리스회사를 통해 개인용도의 자동차 2대를 3년간 관용과 같은 조건으로 빌려 자가용으로 사용했다는 것이었다. 이른바 '리스 스캔들'로 부정의 강도와 확산의 가능성이 모두 높아, 앞서 보았던 부정과 확산의 4분위 그래프에서 D영역에 속하는 악재였다.

'리스 스캔들' 과 같은 의혹들은 고위 공직자 인사청문회 때마다 실제로 볼 수 있는 내용이었다. 당시 정부는 의혹이 불거진 초기의 대응이나 사태가 전개돼 후속 대응이 필요할 때도 적절하게 움직이지 못해, 의혹을 곪아 터지게 했다. 임명권자인 대통령의 이미지는 엉망이 됐고 당연히 지지율은 뚝 떨어졌다. '리스 스캔들' 의 네거티브 뉴스가 앞에서 설명한 D영역에 속하는 것으로 분석됐다면 이제는 워룸의 세 번째 기능인 전략수립 단계로 넘어간다. 네거티브 뉴스와 루머가 폭로한 내용은 전개 상황에 따라 네 가지 단계로 구분되는데 이에 따라 대응전략이 달라진다.

우선 1단계는 '단순의혹' 상황이다. 뉴스와 루머가 의혹이라고 주장하는 일이 실제로 벌어졌는지 증명하기 어려운 경우다. 의혹 자체가 인신공격을 목적으로 지어낸 거짓말일 수도 있고, 사실이지만 증거를 내밀기 어려운 것일 수도 있다. 어찌됐던 의혹이 사실임을 증명하기 어렵다는 점에서 결과적으로는 동일하다. 이때 적합한 대응은 '부인denial' 전략이다. 의혹을 전면 부인하는 전략으로, 워룸은 의혹이 터무니없다는 것을 강조하기 위해 새로운 정보를 제공한다. 위에서 예로 든 '리스 스캔들' 에서 의혹이 터졌지만 이를 뒷받침하는 것이 익명의 제보일 뿐, 객관적인 증거가 없다면 1단계 상황이 된다. 이 상황에서 워룸은 총리 후보가 시장 재직 당시에 직원들에게 늘 공사구분을 강조했고 이를 게을리한 직원을 징계한 전례가 있다는 새로운 정보를 내놓으면서 의혹을 부인해야 한다. 또 시장의 부인이 문제의 리스회사를 이용했지만 특혜를 받지 않고 정상가를 지불했다고 입증할 수 있는 정보가 있다면 이를 증거로 내놓아야 한다.

2단계는 '통제이탈' 이다. 의혹의 내용에 따라 문제가 일어난 것이 확실하지만 막을 수 있는 처지가 아니었음을 증명할 수 있는 경우다. 통제이탈 상황에는 '해명excuse' 전략이 짝을 이룬다. 의혹이 사실로 확인된 만큼 인정을 하지만 문제 발생을 막을 수 있는 입장이 아니었다는 점을 내세우면서 책임을 회피한다. '리스 스캔들' 에서 리스회사 사장과 업무를 담당한 시청직원의 증언으로 특혜 제공이 사실로 드러났고, 더구나 문제된 차량 중 한 대는 시장 부인의 언니가 사용했다는 것까지 확인됐다. 그러나 총리 후보는 이런 일들을 전혀 몰랐고 막을 수도 없었다. 대통령 역시 문제를 미리 파악할 수 없었다면 2단계 상황에 해당한다. 이런 때에는 의혹을 시인하는 것과 동시에 총리 후보가 시청직원과 부인을 제대로 관리하지 못했다는 점도 인정해야 한다. 다만 평소에 공과 사의 구분에 엄격했던 총리 후보가 특혜 제공을 전혀 알지 못했고 어떤 통제를 할 상황이 아니었으며, 대통령 역시 책임이 없다는 점을 집중 부각한다.

3단계는 '기준부적합' 상황이다. 의혹이 사실이고 문제가 일어나는 것도 미리 막을 수 있었다. 그러나 의혹을 주장하는 측이 들이댄 잣대가 잘못된 것이라고 반박할 수 있을 경우가 여기에 해당한다. 이때는 '정당화justification' 전략이 필요하다. 분명히 문제가 있었고, 미리 통제를 할 수도 있었기 때문에 책임도 있다는 것을 인정하지만, 잘못된 일이라고 판단할 때 적용한 기준이 적절하지 못하다고 반박하는 것이 전략의 골자다. '리스 스캔들' 에서 특혜 의혹이 관련자의 증언으로 확인된 데다 총리 후보가 사전에 알고도 묵인한 것이 밝혀졌다면 3단계 상황이 된다. 특혜가 실제 있었고 총리 후보가 이를 알고도 그냥 넘겼고 대통령이 이런 점을 파악하지 못한 잘못을 저질렀다는 점은 인정해야 한다. 그러나 특혜라고 비난을 하는 데 사용된 기준, 즉 리스의 정상가격에 문제가 있었음을 부각시켜야 한다. 시중 리스회사를 자세히 찾아보면 시청과 계약한 리스회사와 비슷한 낮은 가격에 서비스를 제공하는 곳을 찾을 수 있다. 의혹을 제기한 측이 기준으로 삼은 정상가격에 문제가 있었다고 지적하며 특혜가 아니었음을 강조한다.

마지막 4단계는 '전면노출' 이다. 의혹이 사실이고 문제를 미리 통제할 수 있었으며 사용된 기준도 적합한 것이라고 인정할 수밖에 없는 경우다. 다른 대응 전략이 없다. 모든 의혹을 인정하고 엄격한 사후 처리와 재발 방지를 약속하는 '시인concession' 전략만이 통할 뿐이다. '리스스캔들' 에서 특혜 의혹이 관련자의 증언으로 확인된 데다 총리 후보가 사전에 알고도 묵인한 것이 밝혀졌다. 또 저가로 리스를 제공하는 곳이 있기는 하지만 시청과 계약한 리스회사와 비교할 때 차량과 서비스의 질이 훨씬 떨어진다는 것도 확인됐다.

워룸은 총리 후보가 공사 구별을 소홀히 했다는 점을, 대통령이 부적절한 인사를 임명했다는 점을 인정하고 즉각 총리 지명을 취소한 뒤 더욱 엄격한 인사 검증 제도를 마련하겠고 발표하도록 대통령에게 건의해야 한다.

상황에 맞는 적합한 전략이 사용된다면 네거티브 뉴스와 루머의 파

상황별 대응 전략과 효과

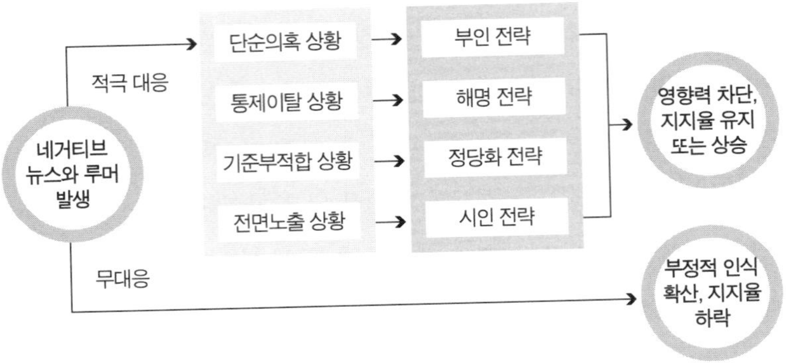

장이 크지 않아, 지지율에는 타격을 입지 않는다. 반면 상황과 맞지 않는 부적절한 전략은 오히려 역효과를 내기 때문에 지지율이 손을 쓸 수 없을 만큼 떨어질 수 있다. 예컨대 뉴스와 루머가 주장하는 의혹이 실제 일어난 것이고 이를 미리 막을 수 있었던 '기준부적합' 상황인데도 '부인' 전략으로 일관하다가는 여론을 더욱 악화시키고 지지율이 폭락할 수 있다.

무대응도 문제다. 적극적으로 대응해야 하는 상황이지만 그저 눈감고 귀 막아 시간만 보내려는 태도는 사태를 악화시킬 뿐이다. 네거티브 뉴스와 루머에 대해 '진실은 늘 승리한다'고 생각하며 저절로 해결되기만을 믿는 것은 협잡꾼에게 모든 일을 맡기는 것과 다름이 없다. 유권자들은 대통령이 떳떳하기 때문에 침묵한다고 생각하는 게 아니라 사실이니까 침묵하는 것이라고 본다. 대응이 필요할 때는 적극적으로 나서서 부인, 해명, 정당화 혹은 시인을 해야 한다.

거짓 루머에는 반박 정보를 쏟아붓는다

루머가 주장하는 의혹이 발생했는지 증명하기 어려운 '단순의혹' 인 상황에서 때로는 의혹 자체가 거짓말인 경우가 있다. 남을 해칠 목적으로 있지도 않은 일을 사실인 것처럼 꾸며내 퍼뜨리는 루머를 말한다. 이때는 단순한 '부인' 을 넘어 적극적이고 공격적인 대응이 필요하다. 있지도 않은 의혹을 퍼뜨리는 거짓 루머가 계속 반복되고, 믿는 사람들이 늘어나면 마치 사실인 것처럼 자리를 잡는다. 일단 사실로 인정된 뒤로는 걷잡을 수 없이 확산되는 탓에 그 여파는 상상을 넘는다. 따라서 악의적인 루머를 막는 최선의 길은 초기에 영향을 차단하는 것이다.

루머가 발생했을 때, 워룸은 의혹을 반박하는 정보를 폭포수가 쏟아지듯이 쏟아내야 한다. '사람은 자주 보고 들으면 믿게 된다' 는 속성을 고려할 때 다양한 채널을 통해 루머를 바로잡는 정보들을 쏟아내야 한다. 문제는 반박 정보를 사람들에게 제공하려면 많은 시간과 비용이 든다는 점이다. 신문과 방송에 반박 광고를 낼 수 있지만 효과에 비해 비용이 너무 클 수 있다. 이때 가장 좋은 대안은 인터넷이다. 루머의 해방구가 된 인터넷을 오히려 루머를 격파하는 데 사용하는 것이다.

대선 캠페인 때부터 갖가지 악성 루머에 시달려온 버락 오바마 미국 대통령은 웹사이트www.fightthesmears.com를 만들어 의혹을 적극적으로 반박했다. 일례로 2010년 말 오바마 대통령의 부인 미셸 여사가 뉴욕의

한 호텔에 묵으면서 바닷가재와 캐비어 등 매우 비싼 음식을 룸서비스로 시켜먹고 엄청난 돈을 지불했다는 루머가 이메일을 통해 돌았다. 백악관은 즉각 웹사이트를 통해 반박하는 정보를 자세히 전달하면서 루머가 거짓임을 지적했다. 그리고 지지자들에게 정확한 정보를 이메일이나 페이스북 등을 통해 여러 곳으로 확산시켜줄 것도 호소했다.

정보를 쏟아부을 때 중요한 것은 사실, 즉 팩트를 전달하는 데 너무 치중해서는 안 된다는 점이다. 악성 루머가 잘 퍼지는 것은 흥미로운 이야기, 즉 스토리를 담고 있기 때문이다. 무미건조한 팩트보다는 스토리가 흥미를 자극하고, 더 오래 기억에 남는다는 점에서 루머에 담긴 스토리를 격파할 때 팩트를 전달하는 것만으로는 불충분하다. 왜 루머가 거짓인지를 알려주는 스토리를 전달해야 한다. 미셸 여사의 예에서 반박을 할 때 설득력을 높이려면 그녀가 평소 매우 검소한 생활을 해왔고 여행을 가서도 소박한 식사를 즐긴다는 내용의 스토리를 가미하는 것이 효과적이다.

의혹을 반박하는 정보를 제공해도 의혹이 가라앉지 않는다면 어떻게 해야 할까? 신념을 바꾸는 것은 신념에 반대하는 사람의 설득 때문이 아니라 신념을 공유할 것 같은 사람이 설득할 때 가능하다. 이런 이치로 루머를 믿을 것 같은 사람이 실제로는 믿지 않는다는 점을 부각시키면 루머를 잠재울 수 있다.

미국에서 보수적인 공화당원이 진보적인 민주당에 관한 악성 루머를 들었다면 민주당원들이 아무리 루머가 거짓이라고 설득을 해도 입장이 흔들리지 않는다. 그러나 공화당의 핵심 지도자들이 루머가 사실이 아니라고 한마디만 한다면 루머를 믿지 않게 된다. 언론사의 정치성향에서도 비슷한 일이 벌어진다. 루머의 오류를 바로잡는 보도가 진보성향의 〈뉴욕타임스〉에 나올 때 민주당원들이 생각을 바꿀 확률이 높고, 보수성향의 〈폭스뉴스〉에 나올 때는 공화당원이 생각을 바꿀 확률이 높다. 따라서 루머를 믿는 사람들의 성향을 파악해 그들이 신뢰하는 인물과 조직이 루머를 반박하도록 한다면 악성 루머의 영향을 제한할 수 있다.

한 가지 놓쳐서는 안 되는 것이 있다. 루머를 반박할 때 의혹의 내용을 부인하는 데 집중해야 한다. 의혹을 제기한 개인이나 조직을 비난하거나 협박하고, 인신공격성 발언을 하는 일은 삼가야 한다. 이런 대응은 유권자에게 감정적이라는 인상을 주고 '뭔가 있으니까 화를 낸다'는 인식을 심어준다. 단호하지만 품격 있는 대응만이 유권자를 루머에서 벗어나게 한다. 지지율에서 중요한 것은 유권자의 생각이다. 여기에 집중해야 한다.

반대세력을 다룰 때는 악마의 지혜도 필요하다

2007년 12월 대선에서 승리한 이명박 대통령은 한반도 대운하 계획을 본격적으로 추진했다. 서울에서 시작해 충청도를 거쳐 경상도와 전라도 지역으로 연결되는 운하를 건설하는 계획이었다. 대통령은 강의 수질을 개선하고 수량을 늘리는 치수 효과와, 운하로 화물선이 다니는 교통망을 확보하면 지역을 균형적으로 개발하는 효과까지 얻을 수 있다고 봤다. 그러나 야당, 일부 환경단체와 토목전문가들은 운하의 경제성은 없고 오히려 환경을 파괴하는 부작용만 일으킨다고 공격했다. 정부는 처음에는 이들의 반대를 가볍게 여겨 대운하 계획을 그대로 진행하려고 했지만 시간이 흐를수록 여론이 나빠졌다. 2008년 1월만 해도 대운하 계획에 찬성하는 유권자가 50%에 육박했지만 5월에는 17.5%로 폭락했다. 정책을 추진하기에는 턱없이 낮은 지지율이었다. 결국 대통령은 대운하 계획의 중단을 결정했다.

대통령의 정책에, 혹은 대통령 자체에 반대하는 세력이 있다. 야당이 대표적이고 사안에 따라 시민단체, 기업, 이익단체 등도 반대세력이 된다. 이들을 설득하고 동의를 얻어 함께 끌고 나가야 국정이 잡음 없이 원만하게 이뤄질 수 있지만 설득하는 게 현실적으로 쉽지 않다. 때로는 설득이 어려운 정도가 아니라 반대세력의 공세가 워낙 거세 국정

수행 자체가 어려울 때도 있다. 설득이 안 되는 반대세력은 격파를 해야 한다. 하지만 격파의 방법은 거칠거나 억세면 안 된다. 자칫 갈등만 키우고 여론의 눈에 불안하게만 보여 지지율을 오히려 더 낮출 뿐이다. 대신 악마처럼 영리하게 상대의 허를 찌르는 방법이 필요하다. 여기에 속하는 방법은 명분 싸움, 대리인 전략, 네거티브 공격, 분열 전략 등 네 가지가 있다.

첫째 명분 싸움이다. 반대세력은 다양한 이유를 내세우며 대통령의 국정 수행과 대통령 자체를 비판하고 여론을 흔들어 지지율을 떨어뜨린다. 이들이 여론을 잡을 수 있는 것은 타당한 논리와 명분으로 무장해 비판하기 때문이다. 이런 공세를 막는 가장 확실한 방법은 대통령의 국정 수행, 구체적으로는 정책 수행이 어느 누구도 부인할 수 없는 강력한 명분을 갖고 있다는 점을 부각시키는 것이다. 반대세력이 내세우는 명분보다 오히려 더 큰 명분을 찾아 이를 전면에 내세우는 전략이다. 한반도 대운하 계획 사례를 통해 설명해본다.

한반도 대운하 계획에서 환경단체와 야당, 전문가들은 환경이라는 명분을 내세워 대통령을 공격했다. 경제적으로 이익이 별로 없는 반면 산맥을 뚫고 강을 파헤치는 운하 건설은 자칫 돌이킬 수 없는 환경 재앙이 되고 후세에 큰 부담을 지울 수 있다는 주장이었다. 환경에 대한 관심이 갈수록 커지는 상황에서 반대세력은 환경과 후세를 위한 배려라는 명분으로 무장한 채 비판을 했다. 그러나 이런 공격을 받는 대통령은 그저 경제적 효과만을 고집했다. 물류 측면에서 '운하가 효과있다' 는 명분은 범위가 좁을 뿐만 아니라 환경이란 명분에 비하면 힘도 약하다. 결국 대통령은 반대세력의 명분에 밀렸다. 대통령에게 필요한 것은 환경이라는 명분을 넘는, 반대세력의 명분까지도 끌어안는 포괄적인 명분이다. 대운하의 효과 중에는 교통망 신설이라는 것 이외에 운하로 전국이 연결돼 낙후된 내륙도 개발될 기회를 가질 수 있다는 것과 홍수가 반복되고 오염된 강을 살리는 치수가 있다. 이 두 가지는 생명이라는 포괄적 명분으로 묶일 수 있다. 지역균형개발로 사람도 살고 치수로 자연도 산다는 명분인데, 단순히 보호에만 집착하는 환경이란 명분을 편협하게 보이게 할 수 있다. 특히 지역균형개발은 반대세력조차도 평소에 필요성을 주장하던 이슈라는 점에서 더욱 정당성이 있다. 또 생명이라는 명분을 강조하기 위해 경제적 냄새가 물씬 나는 '한반도 대운하 건설' 이란 명칭 대신에 '생명의 물길 내기' 란 명칭을 사용한다면 호소력이 더 강해진다.

둘째는 대리인 전략이다. 대통령이 반대세력의 거센 비판을 받고, 여론이 비판에 동조해 지지율이 떨어졌을 때 대통령이 거칠게 반발한다면 오히려 화를 부른다. 이미 반대세력의 논리에 동조한 여론은 대통령이 반대세력의 주장을 거칠게 반박하는 모습에서 불안감을 갖고 뭔가 잘못되고 있다는 인상을 받는다. 또 대통령이 반대세력과 진흙탕 싸움을 벌이고 있다는 매우 부정적인 인상도 갖는다. 이런 화를 피하기 위해 대통령의 입장을 옹호하며 반대세력과 싸워줄 대리인을 구해야 한다. 지방세력에 영향력을 미칠 수 있고 명분을 쥐고 있으며 여론의 신뢰를 얻을 수 있는 인물과 조직이 대리인이 될 수 있다.

한반도 대운하 계획의 사례에서 지방 정부와 지방에 기반을 둔 이익단체, 교수, 연구소 등이 대리인이 될 수 있다. 이른바 지방세력이다. 이들은 지방경제를 회생시키고 서울과 지방의 격차를 줄일 수 있다는 대운하 계획에 우호적인 입장을 보였다. 따라서 대통령은 이들을 대통령의 적극적인 옹호자로 끌어들여야 한다. 대운하가 원안대로 건설된다면 지방은 개발과 교류 확대로 다양한 잠재적인 이익을 얻을 수 있지만 반대세력 때문에 이 이익이 사라질 수 있다. 이 점을 지방세력이 인식할 경우 대통령의 대리인으로서 반대세력과 대결을 하게 된다. 지방정부, 지방이익단체, 학자들이 환경단체, 야당, 대운하에 반대하는 전문가들과 싸움을 벌인다. 지방세력은 지방균형발전이란 강력한 명분을 활용할 수 있다.

셋째는 네거티브 공격이다. 흔히 선거나 로비에서 등장하는 네거티브 캠페인을 두고 사회악이라고 비난을 한다. 상대방의 부정적인 면을 들춰낸다는 점을 지적한 비판일 것이다. 하지만 네거티브 캠페인만큼 인간의 본성에 부합하고 그 때문에 강력한 효과를 내는 전략은 없다. 네거티브 캠페인은 부정적인 정보를 제공해 유권자의 감정을 자극하는 방법이다. 네거티브는 일반적으로 새로운 정보를 제공하기 때문에 주목을 받는다. 또 네거티브 캠페인 역시 직접 나서는 것보다는 대리인을 활용하는 것이 더 효과적이다. 네거티브인 관계로 공격을 하는 측도 자칫 부정적인 이미지를 가질 수 있다. 따라서 대통령이 직접 나서 공격을 하기보다는 대리인을 이용하는 것이 이른바 '피를 묻히지 않고 소를 잡는 방법'이다.

한반도 대운하 사례에서 반대세력의 약점은 이들이 서울에서 집중적으로 활동을 한다는 것이다. 핵심 반대세력인 환경단체, 대운하 계획에 반대하는 전문가나 교수들 역시 서울에 근거를 두고 있다. 야당도 주로 서울에 치중돼 활동하고 있다. 따라서 대운하를 반대하는 것은 서울의 이익을 앞세우기 때문이라는 비판이 가능하다. 반대세력이 서울에 집중된 활동을 하고 스스로의 이익을 위해 대운하에 반대한다는 것을 보여주는 치명적인 정보들을 수집한다. 이때 언론이 대리인이 될 수 있다. 부정적 뉴스를 선호하는 언론의 속성상 네거티브 정보는 언론의 주목을 끈다. 특히 반대세력에게 부정적 입장을 가진 언론에 정보를 제공해서 기사화하는 것이 효과를 극대화하는 방법이다. 기자회견 방식일 경우 기자들끼리 일종의 컨센서스가 생겨 발표 내용이 평가 절하될 수 있다. 하지만 한 곳에만 정보를 주는 것은 일종의 특종을 주는 것으로 해당 언론은 대대적으로 보도를 하고 곧이어 다른 언론사들도 그 진위 여부를 따지기보다는 낙종에 대한 부담으로 보도를 그대로 따라간다.

마지막은 분열 전략이다. 반대세력은 단일한 층으로 보이지만 실은 경제력이나 가치관이란 측면에서 그 내부에 다양한 층이 존재한다. 대통령의 정책, 대통령에 대한 평가라는 측면에서 반대세력이란 이름으로 한데 묶이지만 소속에 따라 경제력이 천차만별이고, 다양한 이슈에 대한 입장도 서로 다르다. 분열 전략은 이런 이질적인 면을 파고드는 것으로, 반대세력 가운데 일부에게만 특혜를 제공하거나 반대세력 내의 갈등을 불러올 수 있는 제2의 이슈를 제시하는 것이 핵심이다. 대통령의 정책, 혹은 대통령에 반대한다는 공통의 목표를 갖고 있어 한목소리를 내지만 특혜와 이슈를 놓고서는 서로 대립한다.

한반도 대운하의 예를 들어보자. 정부는 전문가의 의견을 참고한다는 이유를 내세워 정부위원회를 구성하면서 반대세력에 속한 전문가를 위원에 위촉하고 이들을 고위직 공무원에 준하여 대우한다. 또 반대세력에 속하는 연구기관과 환경단체에 대운하와 관련된 간단한 용역들을 맡기면서 상당한 용역비를 제공한다. 위원과 용역은 사실 큰 노력을 들이지 않고도 할 수 있는 일로 일종의 특혜다. 중요한 것은 경제적으로 어려운 인사와 조직, 영리활동에 개방적인 인사와 조직을 골라 위원과 용역을 임의대로 배정한다는 것이다. 낙점에서 소외됐거나 독립성을 강조하는 인사와 단체는 정부의 조치를 비판하면서 특혜를 거부하라고 주장할 것이다. 그러나 낙점 받은 인사와 단체는 생각이 다를 수 있다. 경제적 이유 때문에 위원과 용역을 받아들이지만 정책 비판에 독립성을 유지할 수 있다고 반박한다. 이런 공방이 오갈수록 반대세력은 정부의 특혜를 받는 기득권층과 특혜에서 제외된 소외층으로 갈라지고 결국에는 분열에 이른다.

또 학자들을 분열시킬 수도 있다. 반대 운동의 한 축은 서울대 교수들로, 성명과 세미나 등 여러 가지 활동을 벌였고 다른 한 축은 서울과 수도권의 사립대 교수들이다. 이들은 대운하 반대라는 한목소리를 내지만 국립대 지원이라는 데에서는 생각이 다르다. 사실 정부 지원이 적어 등록금과 기부금에 의존해야 하는 사립대는 늘 재정이 불안하다. 반면 서울대는 국립대라는 지위 덕분에 재정적 고민이 없고 때로는 지원이 과도하다는 비판도 받는다. 이때 정부는 국립대 지원액수를 줄이고 그만큼을 사립대 지원으로 돌리는 이슈를 제기할 수 있다. 국립대 지원 문제는 평소에 입장이 확연히 갈리는 이슈로, 반대세력에 속한 교수들이 일거에 둘로 갈라질 수 있다.

야당이 극단적으로 나오면 오히려 약

1995년 말, 미국에서는 예산안을 둘러싸고 대통령과 야당의 갈등이 극에 달했다. 민주당 출신의 빌 클린턴 대통령은 재정지출을 줄여 정부 적자를 감축해야 한다는 점에는 동의하지만 그렇다고 저소득층 지원과 환경 보호, 교육기회 확대를 위한 예산 삭감은 있을 수 없다고 주장했다. 반면 야당인 공화당은 눈덩이처럼 쌓인 적자를 줄이려면 복지 예산을 대폭 줄이고 교육과 환경 예산도 손을 봐야 한다면서 한 치도 물러서지 않았다. 다수당인 공화당은 예산안을 만들어 의회에서 통과시켰지만 클린턴 대통령은 국민을 위한 최소한의 보호 장치를 버릴 수는 없다며 거부권을 행사했다.

몇 차례 공방이 오간 가운데 공화당은 당내 과격파의 주도로 정부폐쇄라는 극단적인 조치를 취했다. 과거 어떤 정당도 생각지 못했던 과격한 행동으로 관공서가 문을 닫고 행정 서비스가 마비되면서 국민의 불만이 커졌다. 미국인들은 공화당이 지나치게 극단적인 입장으로 나오고 있다고 생각한 반면 대통령을 취약계층과 환경을 보호라는 소중한 가치를 지키려는, 균형 잡힌 수호자로 봤다. 2005년 말 40% 초반에 머물던 클린턴의 지지율은 정부폐쇄가 이뤄진 1996년 1월 52%까지 상승했다.

야당은 대통령을 견제한다. 그러나 때로는 견제 수준을 넘어 정상적인 국정 운영을 위협할 정도로 극단적으로 행동한다. 과격파가 야당을 장악해 국가이익보다는 순전히 대통령을 흠집 내겠다는 목적 하나를 가지고 극한의 정치투쟁을 벌일 때도 있다. 국정을 마비시켜 국민을 불편하게 하는 야당의 극단적인 투쟁은 대통령으로서는 피하고 싶은 상황이기는 하지만 다른 관점에서 보면 여론의 지지를 얻어낼 기회일 수 있다. 야당이 극단적인 정치투쟁에 나서는 것은 대통령이 여러 가지 잘못으로 지지율이 크게 떨어져 있거나 대통령을 만만히 보고 궁지로 몰아넣을 수 있다는 확신을 가질 경우다. 야당은 대통령을 극단적으로 몰아세우거나 깎아내리면 자신들이 돋보이고 여론을 자기편으로 만들 수 있다고 생각하지만 지나치면 오히려 화근이 된다. 국민은 대통령이 그다지 마음에 들지 않는다고 하더라도, 대통령을 무시하면서 과격한 정치투쟁을 벌이는 야당을 좋게 보지 않는다. 오히려 국정 혼란의 책임을 야당에 돌리고 선거 등을 통해 응징한다. 따라서 야당의 극단적인 정치 투쟁은 대통령에게는 여론을 다시 얻어 지지율을 올릴 기회가 될 수 있다.

2004년 초 노무현 대통령의 탄핵은 야당의 과격한 정치투쟁이 가져올 결과를 보여주는 전형적인 사례다. 총선을 앞둔 당시 노무현 대통령은 정부를 앞세워 여당의 선거 승리를 도우려한다는 비난을 받았다. 선거중립이라는 대통령의 의무를 위반했다는 것이다. 야당들은 한목소리로 노무현 대통령에게 사과와 재발방지를 요구했다. 그러나 대통령이 사과를 거부하자 그해 3월 야당들은 힘을 합쳐 대통령을 자리에서 끌어내리는 탄핵소추안을 국회에 제출했다. 국회의원들 간의 싸움이 벌어지는 우여곡절을 거쳐 결국 탄핵소추안은 국회 본회의에서 통과됐다.

야당은 정치투쟁에서 승리했다고 자축했지만 생각지 못한 후폭풍이 다가왔다. 탄핵소추안의 국회 통과와 동시에 여론의 비난이 쏟아졌다. 대통령이 잘못을 한 것은 맞지만 탄핵이라는 극단적인 방법을 써 국정을 마비시킨 것은 무책임한 폭거라는 것이었다. 전국에서 탄핵 반대 시위가 걷잡을 수 없이 벌어졌고 시민단체들은 탄핵소추안 가결을 야당의 쿠데타라고 규정했다. 여론의 분노는 그해 4월 치러진 총선에서 그대로 나타났다. 여당인 열린우리당이 과반이 넘는 152석을 차지해 다수당으로 올라선 반면, 기존 다수당이었던 한나라당은 121석밖에 얻지 못했다. 탄핵에 동조했던 다른 야당들은 한 자릿수의 의석만 얻는 데 그쳐 존립의 위기에 놓였다. 또 노무현 대통령의 지지율은 3월 34.1%에서 5월에는 81.7%로 폭등했다.

1 대통령에게는 지지율을 높이고 유지하기 위해 치밀한 전략인 governeering이 필요하다.

2 워룸을 설치한다. 그리고 네거티브 루머와 뉴스를 분석하고 단계별로 격파한다.

3 루머는 정보의 홍수로 쓸어버린다.

4 악마의 지혜가 때로는 필요하다. 반대세력은 명분 싸움, 대리인 전략, 네거티브 공격, 분열 전략으로 극복한다.

5 극단적이고 과격한 반대세력은 오히려 약이 된다.

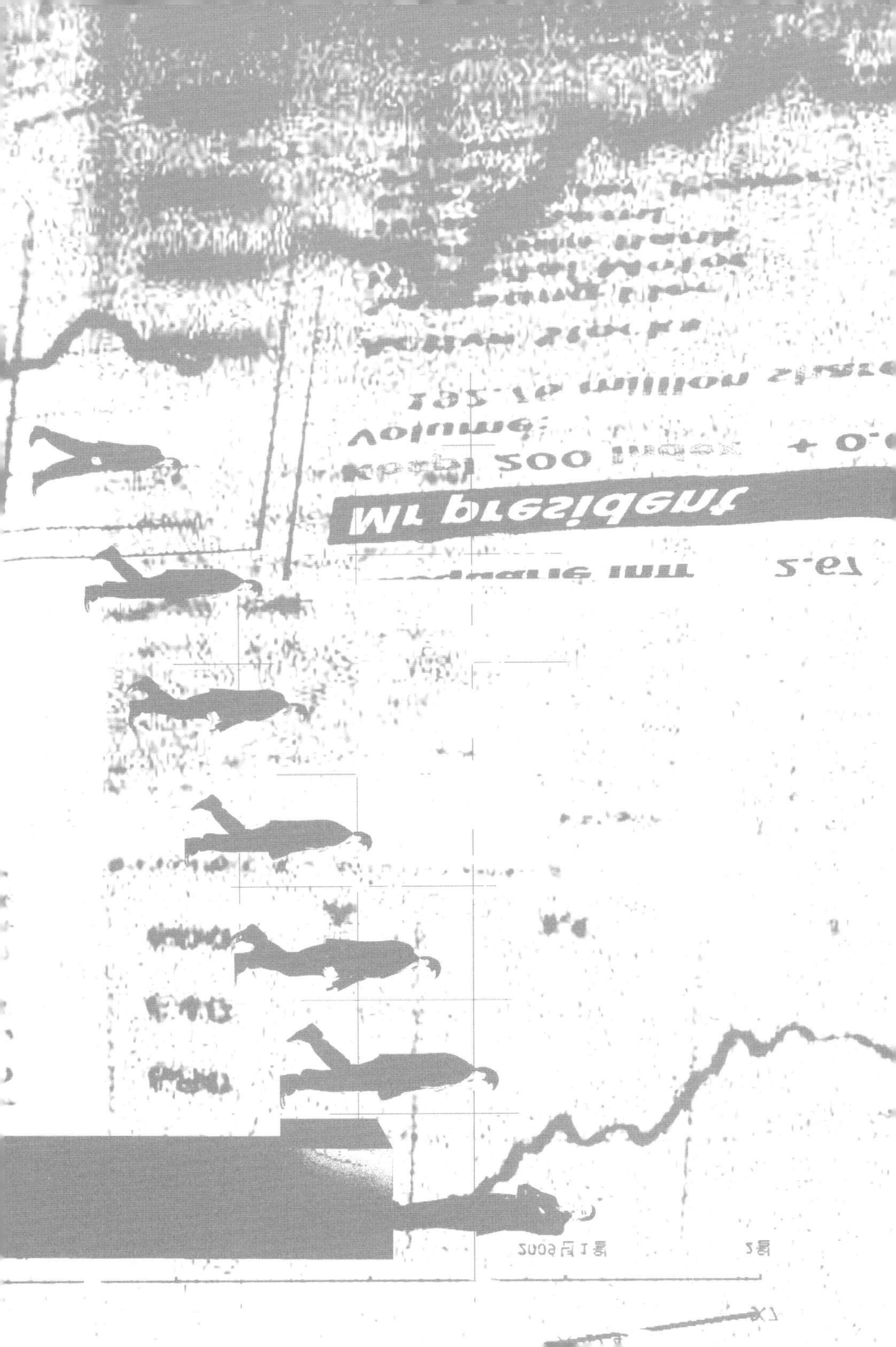
Mr president
Kospi 200 index
Volume:
192.76 million share
2.67
2009년 1월
2월

10

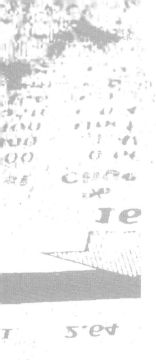

Governeering 2
지지율 상승의 기초를 만든다

중간층과 지지율

대처와 블레어의 중간층 확보 전략

클린턴의 트라이앵귤레이션 전략

룰라의 시장지향적 전략

한국의 다수를 잡는 길, 균형과 단호함

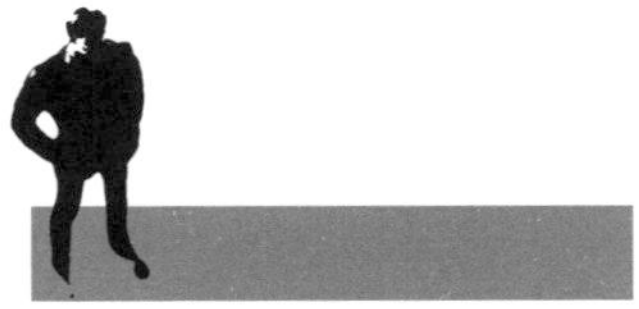

민주국가에서 여론은 마치 절대왕정시대, 왕의 뜻과 같아 거스를 수 없다. 불만족스럽거나 무시당한다고 느낄 때 국민은 대통령을 선거 혹은 시위를 통해 응징하고 몰아낸다. 더구나 현대 사회에서 유권자들은 대통령으로부터 만족과 기쁨을 얻기를 바라는 한편 설득력과 리더십도 원한다. 여론은 또 변덕스럽기까지 해서 오늘은 대통령을 지지하다가도 내일이면 대통령을 비판한다.

이처럼 여론은 역동적이지만 대통령은 국민, 특히 선거에서 자신을 지지해준 유권자들을 수동적인 존재라고 착각한다. 선거에서 자신을 지지한 유권자가 취임 이후에도 계속 자신을 지지할 것이라고 믿는다. 선거 전에는 여론의 동향과 유권자의 평가에 세심한 주의를 기울이면서도 선거가 끝난 뒤에는 신경을 쓰지 않는다. 하지만 유권자는 변덕스럽고 언제든지 대통령에 대한 평가를 바꿀 수 있다. 이는 대통령이 취임 이후 계속해서 높은 지지를 유지하기 위해서 선거 때와 마찬가지로 노력을 해야 한다는 것을 의미한다. 당선을 위해 가능한 다수의 지지가 필요하고 대통령으로서 정치적 위상을 유지하기 위해서도 지지율이 높아야 한다는 점에서 선거 캠페인과 통치governing 간에는 차이가 없다. 따라서 대통령의 지지율을 높은 수준으로 유지하려면 대선 당시 선거캠페인을 치렀던 것과 같은 전략과 분석이 필요하다. 미국의 빌 클린턴 대통령과 영국의 토니 블레어 총리는 재임시절 마치 선거를 치르는 것처럼 국정을 운영했는데 이런 흐름을 영속적 캠페인Permanent Campaign 이라고 한다.

중간층과 지지율

우파이든 좌파이든 좌우 양 끝에 자리 잡은 고정지지층은 자신들과 정치 성향이 같은 대통령에 대해 결코 지지를 철회하지 않는다. 그러나 계층 분포 상 중간에 놓인 다수의 유권자들은 유동적이다. 정치 성향이 좌우의 중간에 속해, 중간자적인 대통령의 입장을 선호하며 다수를 위한 절충적인 정책에 지지를 보낸다. 따라서 지지율을 올리기 위해서는 중간층에 호소할 수 있는 정책과 행동으로 지지층의 외연을 넓혀야 한다.

유권자 정규분포

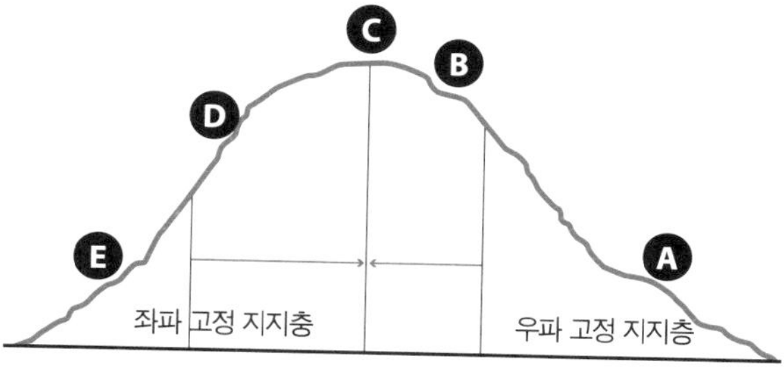

좌파는 E와 D에 안주하는 대신 C를 향해 정책과 전략을 개발해야 하며, 우파는 A와 B의 한계를 벗어나 C로 이동해야 한다. 박근혜 대표가 세종시 수정안 반대라는 입장을 분명히 밝혀 충청 및 호남 지역 유

권자들의 지지를 획득해, 영남이라는 고정 지지층에서 외연을 넓힌 것은 이런 전략으로 이해할 수 있다.

중간층으로 외연을 넓히는 것이 왜 적절한 전략인지는 경제발전과 소득분배 사이의 관계를 보여주는 쿠즈네츠 곡선을 통해서도 설명된다. 경제발전이 안 된 최빈국은 국민 다수의 소득이 절대적으로 낮아 소득분배도 고른 상태를 보인다. 국민 대부분이 빈곤선에 놓여 있어 잘 살게 해주는 지도자라면 좌우를 따지지 않기 때문에, 정치적으로는 유동층이 절대 다수를 차지한다. 경제발전을 위해 정부가 특정 산업과 계층을 밀어주는 불균형 발전전략을 사용하면서 경제는 성장하지만 계층 간 소득차가 점점 벌어지고 분배가 편중되는 현상이 발생한다. 발전을 지상과제로 생각하는 개도국이 여기에 해당한다. 일부 고소득층이

쿠즈네츠 곡선

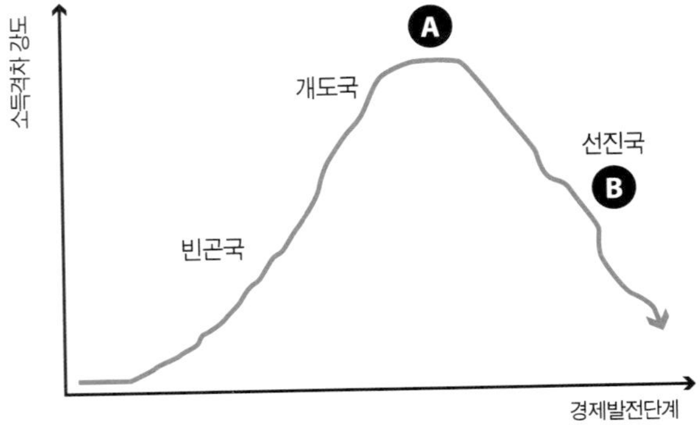

자료=《중도실용을 말하다》함재봉, 랜덤하우스, 2010 중 〈친서민 정책과 중도실용〉강성진, 2010. 내용 일부 수정

지배층으로 군림하고 다수는 여전히 빈곤 상태여서 좌파이념에 대한 수요가 높다. 이런 국가는 대개 군부독재나 권위주의 통치를 통해 좌파를 억압한다.

하지만 소득이 일정 수준에 도달하면 소득분배 상태가 오히려 개선되는 현상이 나타난다. 선진국에서는 경제발전이 상당히 이뤄지자, 국민 다수의 소득이 일정 경지에 올라 소득격차가 줄어드는 현상이 나타났다. 즉 경제력을 갖춘 중산층이 다수를 이루고 이들은 좌도 우도 아닌 균형 잡힌 이념과 정책을 대통령이 펼쳐주기를 원한다. 한국은 1960~70년대 빈곤국에서 1980~90년대 개발도상국으로, 지속적으로 발전해 이제는 선진국 수준인 A점에 도달했고 점차 B점으로 향하고 있다. 경제력을 갖춘 중산층이 절대 다수를 이루고 있고 이들의 이념 성향도 양극단보다는 중간에 자리 잡고 있다. B점으로 갈수록 이런 중간 성향에 대한 수요가 커진다.

이후에는 영국, 미국, 브라질 등 각국의 대통령과 총리들이 중간층에 호소하기 위해 구사한 다양한 전략들을 살펴본다. 이어 한국의 중간층의 마음을 얻기 위한 전략을 소개한다.

대처와 블레어의 중간층 확보 전략

보수당과 노동당의 양당이 번갈아가며 정권을 장악해온 영국에서는 1970년대 말 이후 중간층을 확보하는 정당이 총선을 승리로 이끌었다. 1979년 영국 총선에서 마가렛 대처 당수가 이끄는 보수당은 이전 총선보다 62석을 늘리며, 노동당을 밀어내고 정권을 장악했다. 전국 득표율에서는 보수당이 8.1% 포인트 높아진 43.9%, 노동당은 2.3% 포인트 낮아진 36.9%였다. 시간이 흘러 1997년 총선에서는 반대 현상이 벌어졌다. 토니 블레어가 이끄는 노동당은 국민의 전폭적인 지지 속에 18년 만에 정권 교체에 성공했다. 노동당은 무려 147석을 늘린 반면 보수당은 많은 의석을 잃었다. 2010년 총선은 다시 보수당으로 정권이 넘어갔다. 13년 만으로 보수당이 97석을 늘려 노동당을 꺾었다. 정권 교체가 벌어진 세 번의 선거에서 다수당으로 올라선 정당과 이들 정당이 늘린 의석수, 전국 득표율 상승폭을 요약하면 다음과 같다.

세 번의 총선에서 승리한 정당들이 각각 늘린 의석수를 평균으로 나

영국의 총선별 의석 및 전국득표율 변동

구분	승리 정당	의석수 증가	득표율 상승폭
1979년 총선	보수당	62석	8.1% 포인트
1997년 총선	노동당	147석	11.2% 포인트
2010년 총선	보수당	97석	6.2% 포인트

▌ 세 개 정당의 변동치 가운데 최대 변동치를 반영

타내면 102석, 전국 득표율 상승폭은 평균 8.5% 포인트로 선거 때마다 이 정도의 표 이동이 벌어진다고 추정할 수 있다. 102석전체의석 650석과 8.5%면 정당 간의 치열한 경쟁이 벌어지는 현대 선거에서 승패를 결정짓는 수치다.

영국은 계층 구분이 비교적 뚜렷한 곳이다. 여전히 귀족이 남아 있을 정도로 신분제의 잔재가 강하고 사람들이 정치적, 경제적 의식도 계층에 따라 확연히 차이가 난다. 계층을 나누는 방법 가운데 하나는 직업이다. 영국의 유권자들은 직업에 따라 전통적으로 6개 계층으로 나뉠 수 있다.

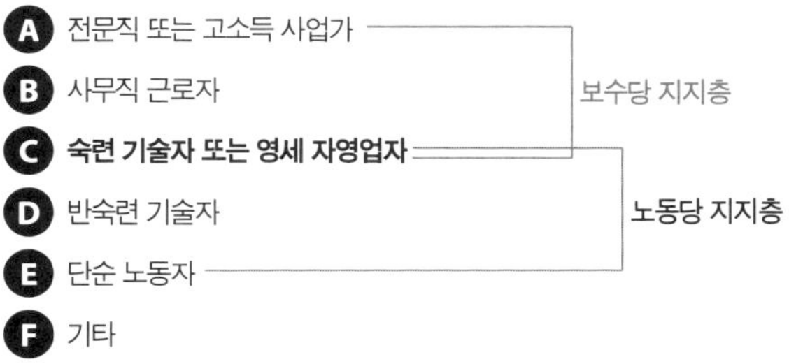

전통적으로 A, B는 보수당의 지지층, 노조의 구성 계층인 D, E는 노동당의 지지층이었다. 그러나 C는 총선 때마다 상황에 따라 보수당과 노동당의 지지를 오가는 유동적인 모습을 보였다. 단순하게 생각하면 C층이 총선에서 나타난 변동 폭, 즉 전국 득표율로는 8.5%, 의석수로는 102석의 장본인이라고 할 수 있다.

1970년대 경제위기 속에 극심한 사회혼란이 발생하자 좌파 성향의 노동당 정부에 대한 신뢰가 떨어졌다. 과도한 복지와 경직된 경제정책, 지나친 친노조 정책에다 오일쇼크 같은 외부의 충격까지 더해지자 영국은 혼란에 빠졌다. 1979년 총선에서 보수당은 C를 장악해야 정권 교체를 이룰 수 있다고 분석한 뒤 C가 원하는 사회 안정과 경제개혁을 총선의 공약으로 내걸었다. C는 계층상 중간에 속했지만 1950년대 이후 영국인의 삶이 전반적으로 윤택해지면서 중도보수의 경향을 보였다. 이들은 혼란을 잠재울 강력한 리더십을 원했다. 보수당은 지방정부 개혁, 노조 격파, 민영화라는 정책을 핵심으로 내세웠고 강한 리더십을 보유한 대처를 전면에 내세웠다. 보수당은 C의 관심을 끄는 데 성공했고 결국 총선에서 승리했다.

1997년 총선에서 노동당은 D, E를 유지하면서도 중도 보수적인 색채가 더욱 강화된 C를 얻기 위한 전략을 고민했다. 기존 좌파 노선을 고수할 것을 주장하는 당내 기득권 세력과 갈등이 컸지만 토니 블레어 당수는 이들을 억누르고 중도를 표방한 'New Labour'를 캐치프레이즈로 내걸었다. 전략은 보수당의 정책을 가로채 중간층을 확보하고 동시에 주요 정책에서 모호한 태도로 일관해 기존 지지층을 유지하는 것이었다. 분배를 강조하는 기존 노동당의 노선을 버리고 시장경제, 친기업이란 보수당의 노선을 가져오고, 여기에 제한된 수준의 분배라는 새로운 입장을 버무렸다. 또 이민 문제 등 일부 정책에서는 보수당보다 더욱 보수적으로 나와 보수당의 존재 의미를 약화시켰다. 그러면서도 이런 정책들을 '제3의 길'이란 이름으로 모호하게 표현해 기존 노동당 노선을 완전히 버린 것이 아님을 내보이며 전통적 지지층을 붙잡았다.

노동당의 전략은 성공해 C는 물론 B계층 일부까지도 확보해 총선에서 압도적으로 승리했다. 총리에 오른 블레어는 선거 때 얻은 지지층을 유지하기 위해 중도 실용주의 노선을 그대로 유지했다. 노동당이 기존 노선으로 돌아갈 경우 다시 유권자의 버림을 받을 수 있다고 판단해 선거 전에 내세웠던 '제3의 길'을 더욱 강력히 밀고 나갔다. 전통적 좌파도 아니고 그렇다고 완전한 우파도 아닌 모호한 절충 정책이라는 비판이 나왔지만 과감하게 중도노선을 밀고 나갔다. 보수당이 마련한 노조 권한 축소 법안을 유지했고, 노동당의 금기사항이었던 민영화를 영역별로 허용했다. 그리고는 국민의 복리라는 관점에서 합리화했다.

2010년 총선에서는 다시 C가 보수당 지지로 이동했다. 1997년 이후 세 번의 선거에서 연거푸 패배한 보수당은 기존의 보수당 이미지로는 향후 선거에서 승리할 수 없다는 결론을 내렸다. 시장을 중시하는 전통적인 이념 하에서도 약자를 배려하고 분배를 중시하는 진보적인 노선을 채택했다. 반면 노동당의 고든 브라운 총리는 이전 토니 블레어 총리의 정책을 그대로 이어받아 중도 노선을 유지한다고 선언했지만, 노조에 끌려 다니는 모습을 보였고 블레어 총리에 비해 좌파 편향적이란 평가도 받았다. C는 애매한 노동당 대신 과감한 예산감축과 감세 등 보수적인 정책을 내세우면서도 서민과 중산층을 끌어안는 온정적 보수주의를 내세운 보수당의 손을 들어줬다.

영국 총선에서 정권을 장악한 정당들은 한결같이 중간층에 호소했다. 이념적 선명성보다는 실용적이고 중도적인 정책, 상대방의 정책도 내 것으로 만들 수 있는 유연성을 발휘해 유권자의 다수인 중간층의 지지를 얻었다. 그러나 영국의 정당들은 총선 때 중도를 내세웠던 정권이 라도 집권 기간이 길어지면 다시 본래의 경직된 이념과 노선으로 되돌아갔다. 선거에서 승리했을 당시의 초심을 잃어버린 것으로 이는 정권 교체라는 결과를 낳았다.

클린턴의
트라이앵귤레이션 전략

1992년 미국 대선에 나선 빌 클린턴은 스스로를 새로운 민주당원이라 부르며 전통적인 민주당의 노선과 차별화했다. 조세감면에 알레르기에 가까운 거부 반응을 보이던 기존 민주당과는 달리 미국인의 다수를 차지하는 중산층을 위한 조세감면을 공약으로 내건 것이 대표적인 노력이다.

그러나 당선 이후 클린턴 대통령은 기존 민주당 입장에서 벗어나지 못하는 것으로 보였다. 약속과 달리 조세감면 공약을 이행하지 않고 오히려 소득세율을 높여 중산층의 분노를 자아냈다. 그 결과 국회의원을 뽑는 1994년 중간선거에서 민주당은 공화당에게 상하 양원 다수당의 자리를 내줬다.

선거 패배로 중산층의 위력을 다시 한 번 깨달은 클린턴 대통령은 1996년 대선 재선을 위한 전략으로 '트라이앵귤레이션triangulation'을 채택한다. 삼각형의 밑변에 민주당의 노선과 공화당의 노선이 서로 반대 위치에서 마주보고 있고, 클린턴 대통령은 두 정당의 중간에 위치하면서도 이보다는 한 차원 높은 꼭짓점에 자리를 잡고 있다.

단지 두 정당의 입장 사이에 있는 것이 아니라 그 위에 있는 제3의 노선을 찾는다. 즉 민주당의 노선을 바탕에 깔고 공화당에서 강조하는

트라이앵귤레이션 전략

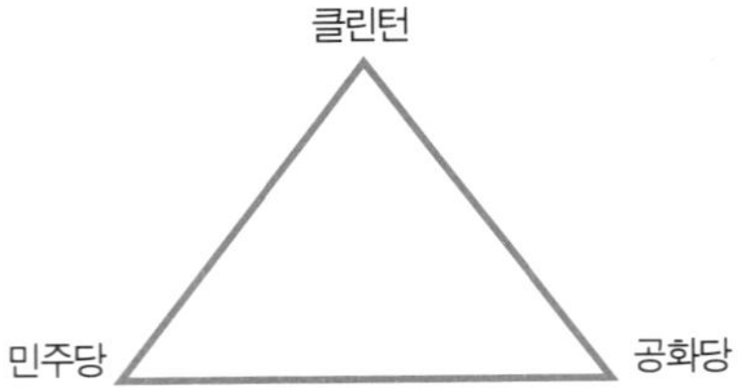

자료 = 《대처 vs 클린턴 리더십》채희봉, 2007의 내용을 토대로 작성

것을 수용하되 독자적인 방식으로 해결하는 것을 말한다. 공화당의 핵심 노선은 작은 정부, 조세징수 확대 반대, 정부 역할 축소, 교육에서 자율 강조, 낙태 반대, 총기 자유 등이다. 반면 민주당은 정부의 적극적 역할 중시, 조세징수 확대, 연방정부의 적극적 역할 강조, 낙태에서 여성 선택권 존중, 환경보호 등이다. 클린턴은 이런 두 정당 노선의 중간 자리를 파고들었다. 민주당의 입장에서 벗어나면서도 공화당이 강조해온 노선을 실현하는 좀 더 균형 잡힌 방법을 제시했다. 클린턴의 전략은 민주당의 새로운 노선이 매우 합리적이고 균형 잡힌 것으로 보이게 했다. 아울러 공화당 이슈를 가로챘기 때문에 공화당의 존재 의미가 약해지는 효과도 가져왔다.

트라이앵귤레이션 전략은 조세감면, 저소득 가정 지원 같은 정책에서 단적으로 그 영향력을 드러냈다. 클린턴 대통령은 공화당이 주장하는 조세감면을 받아들여 정책으로 채택했다. 그러나 공화당이 주장하는 전면적인 조세감면이 아니라 완만한 강도의 조세감면을 실시했는데, 취약계층에 대한 정부 지원처럼 중간층 유권자들이 꼭 필요하다고 생각하는 제도는 가능한 한 그대로 두면서 다른 분야의 조세감면을 통해 재정적자를 줄이려는 노력을 했다. 민주당의 핵심 정책인 저소득가정 지원에서도 균형 잡힌 모습을 보여줘 '무조건 퍼주는 정당'이란 이미지에서 벗어났다. 당시 저소득가정 지원 제도 하에서는 일정 자격만 되면 무조건 보조금을 받을 수 있어 평생을 보조금에 의존하며 생활하는 사람이 많았다.

민주당은 문제가 있다는 것을 알면서도 이 제도의 수혜층인 저소득 여성이 민주당 지지 세력이라는 것을 의식해 개선에 소극적이었다. 반면 공화당은 이 제도를 사실상 폐지하라고 주장했다. 클린턴 대통령은 중간층에 호소할 수 있는 중도적인 방법을 마련했다. 수혜자가 지원받을 수 있는 기간을 5년으로 제한하고 혜택을 받으려면 직업훈련을 반드시 받도록 바꿨다. 또 수혜자의 취업기회를 늘리기 위해 정부가 직접 수혜자들을 채용하도록 했다.

클린턴 대통령이 많은 분야에서 제3의 노선으로 이동했지만 기존 지지층을 놓치지 않기 위해 민주당의 핵심 가치는 굳건히 지켰다. 범죄퇴치를 위해 공화당의 정책인 사형제와 교도시설 확충에는 지지를 보냈지만 민주당이 중시하는 총기규제 강화는 결코 포기하지 않았다. 또 재정적자 문제를 등한시한 기존 민주당과 달리 우선순위를 정해 중요성이 떨어지는 복지제도를 줄여갔지만 의료서비스, 취약계층 지원처럼 최소한의 복지혜택은 고수했다. 정부 역할 확대를 주장하는 민주당의 노선도, 작은 정부와 개인의 역할을 중시하는 공화당의 노선도 아닌

비대한 정부를 지양하지만 개인의 역할의 한계도 인정하는 균형 잡힌 시각으로 중간층의 지지를 이끌어냈다.

룰라의 시장지향적 전략

과거에는 정당에 대한 일체감, 혹은 지역에 대한 충성도의 영향이 강한 탓에 특정 정당 소속이라는 점, 특정 지역 출신이라는 점을 내세우기만 하면 유권자들의 지지를 얻을 수 있었다. 사회적 경제적 계층은 중요하지 않았다. 상품을 그저 만들기만 하면 수요가 워낙 많아 잘 팔려나가듯이, 정당이나 지역을 내세우면 유권자들이 알아서 지지를 해주었고 그 지지로 충분히 유력한 정치인이 되고 대통령도 될 수 있었다. 유권자를 설득하거나 분석할 필요 없이 그저 출신 정당이나 지역을 '정치상품' 으로 내세우면 되는 '상품지향적Product-orented 전략' 이 통했다.

그러나 2000년 이후 많은 국가들에서 변화가 나타났다. 출신 정당이나 지역의 힘이 약해져 유권자들이 정치인을 무조건 지지하는 경향이 약해졌다. 특정 정당이나 지역에 기반을 두더라도 무엇을 할 수 있는지, 다른 정치인과는 어떻게 차별화되는지를 적극적으로 설명을 해야 하는 시절이 됐다. 상품에 대해 열심히 설명하고 구매를 설득해야 하는 이른바 '판매지향적Selling-Oriented 전략' 의 시대가 온 것이다.

이제는 유권자들이 한걸음 더 나아갔다. 특정 정당 소속 혹은 지역을 내세우는 정치인에 점차 식상해하고, 과거를 답습하는 정치인에게 더 이상 지지를 보내지 않는다. 수시로 변하는 선호와 요구를 잘 이해하고 얼마간이라도 충족시키는 정치인을 원한다. 물론 과거처럼 상품 지향적 전략이나 판매 지향적 전략만으로도 지지를 얻을 수 있는 유권자들이 여전히 존재한다. 하지만 과거에 비해 그 비중이 줄었고 이제는 까다로운 선호를 가진 유권자가 다수를 차지한다. 이들은 정당이나 지역보다는 실생활과 관련된 구체적인 요구가 충족되기를 바라고 이를 만족시키는 정치인을 지지한다. 더 까다로운 유권자들은 자신들이 원하는 것을 먼저 찾아 제공하는 정치인을 원한다. 대통령이 집권을 했다고 하더라도 유권자의 요구를 잠시라도 소홀히 하면, 대통령에게 실망한 사람들이 점차 늘어나 결국 반대 세력으로 자라는 소수파 결집 현상이 아주 쉽게 나타날 수 있는 상황이다. 따라서 대통령의 지지율을 높게 유지하는 가장 확실한 방법은 다수의 유권자들에게 호소할 수 있는 잘 짜여진 '정치 상품'을 내놓는 것이다. 이를 '시장지향적Market-Oriented 전략'이라고 한다.

시장지향적 전략은 단순히 중간자적인 입장으로 이동하고 중간층에 호소하는 차원을 넘어 유권자의 다수가 누구인지 파악하고 그들이 원하는 정치 상품을 미리 제공해 지지를 얻는 전략이다. 중간층 확보에만 매몰되는 대신 중간층을 포함한 유권자층 다수라는 측면에 초점을 맞춘다는 점에서 대처와 블레어의 중간층 확보 전략이나 클린턴의 트라이앵귤레이션 전략보다 포괄적이라고 할 수 있다.

유권자 다수의 요구를 따르는 시장지향적 전략을 구사한 대표적 인물은 브라질의 루이스 이나시오 룰라 다 실바 대통령이다. 룰라 대통령은 공장 근로자 출신으로 극좌파로 분류될 수 있는 정치인이었다. 좌파의 지지로 대통령이 된 만큼 집권 후 좌파 성향의 국정운영이 예상됐었다. 그러나 예상은 깨졌다. 집권 당시 브라질 국민의 다수는 안정 속에 삶의 질이 나아지기를 원했다. 장기적인 경제 침체, 치안 불안, 극심한 빈부 격차 등으로 사회는 늘 불안했고 다수의 국민은 '보살핌'을 원했다. 이런 점을 간파한 룰라 대통령은 서민을 위한 복지 정책으로 약자를 위해 일하는 대통령이란 이미지를 구축함과 동시에 중산층 이상의 일자리를 만드는 데도 정성을 기울였다. 또 규제를 줄여 기업하기 좋은 환경을 조성해 영세 혹은 중소기업인들의 환영을 얻었다. 정책을 집행하다 보면 상류 기득권층과 갈등을 빚을 경우가 많았지만 룰라 대통령은 이들을 몰아세우는 대신 끊임없는 설득으로 최소한 반대세력으로 만들지는 않았는데, 이는 국민의 다수인 중간층에게 안정감을 줬다.

또 각료 임명에서도 이념에 편중되지 않고 도덕성과 능력이란 가장 기본적인 잣대를 기준으로 삼아 정치적 성향에 구애받지 않았다. 이런 노력 때문에 룰라 대통령은 합리적이고 균형 잡힌 지도자로 자리를 잡았고 안정을 중요시하는 중간층의 전폭적인 지지를 이끌어냈다. 그의 균형자적 성향은 극우파인 조지 W. 부시 대통령과도 대화가 가능한 몇 안 되는 정상이란 평가를 받은 것에서도 나타난다. 룰라 대통령은 2010년 말 8년 동안의 대통령 임기를 마칠 때 지지율이 80%를 웃돌았다. 취임 첫 지지율, 83.6%와 별 차이가 없는 수치였다. 임기 중에도 이 수치는 크게 흔들리지 않았으며 높은 지지율을 유지했다.

미국의 조지 W. 부시 대통령도 시장지향적 전략을 통해 장기간 지지율을 안정적으로 유지한 대통령이다. 2000년 대선에 당선된 조지

W. 부시 대통령은 8년 동안 대부분 50%대의 지지율을 유지했다. 그리 높다고는 할 수 없지만 국정을 운영하는 데 무리가 없는 지지율이다. 2001년 미국에서 9.11 테러가 발생했다. 사상 초유의 공격으로 미국인들은 경악했고 테러 공포에 휩싸였다. 중간층을 포함한 미국인 다수는 외부의 공격으로부터 자신들을 지켜줄 단호하고 강력한 지도자를 원했다. 부시 대통령은 강력한 미국, 적에게 단호한 미국을 주장하며 국민을 안심시키는 노선을 선택했다. 그리고 이라크와 아프가니스탄을 공격해 테러에 단호한 지도자임을 과시했다. 이는 외교적으로 많은 갈등을 일으켰지만 미국 내에서는 큰 호응을 얻었고, 높은 지지율로 이어졌다. 물론 두 번째 임기 후반에는 전쟁에 대한 염증, 지나친 안보 우선 정책 등에 대한 반발도 있었지만 유권자 다수는 여전히 그의 단호한 입장을 지지했고 이는 안정적인 지지율로 연결됐다.

반면 호주의 케빈 러드 총리는 다수의 요구에 호응하지 못해 정치적 어려움을 겪은 지도자다. 2009년만 해도 노동당 소속의 러드 총리는 호주 역사상 가장 인기 있는 총리였다. 그러나 중도주의자였던 러드 총리가 점차 좌편향적인 정책을 내놓으면서 지지율에 이상이 생겼다. 대표적인 것이 천연자원에 세금을 부과하려는 법안이다. 천연자원은 호주의 대표적인 수출 상품으로 안정적인 개발과 관리가 중요하다. 러드 총리는 천연자원세 부과 문제로 거대 광산업체들과 갈등을 빚으면서 혼란을 초래했고, 보수층은 물론 경기침체를 우려하는 중간층의 반발을 불러왔다. 또 난민정책에서도 미온적이어서 스리랑카, 아프가니스

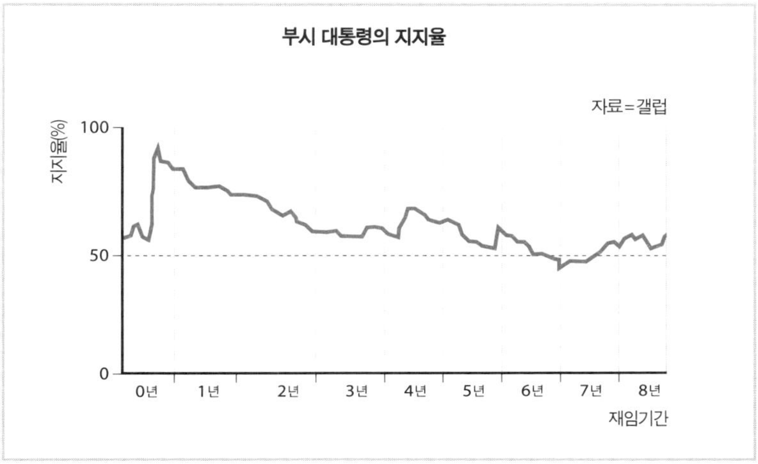

탄 등 분쟁지역 주민들이 밀입국 선박을 타고 마구잡이식으로 호주로 밀려 들어왔다. 당장 난민 증가로 사회문제가 생겨 불편해진 중간층은 불만을 쏟아냈다. 결국 러드 총리는 지지율 폭락 속에 노동당 내 반란으로 총리직에서 물러나야 했다.

한국의 다수를 잡는 길, 균형과 단호함

이명박 대통령은 임기 첫해인 2008년 지지율이 30% 밑으로 폭락했다. '부자 정권' 이란 낙인이 찍히면서 대선 당시에 그를 지지했던 중간층 이하가 지지를 철회했기 때문이다. 선거에서 이 대통령에게 이들은 경제 성장과 국정의 안정을 기대했다. 그러나 기득권층 인사로 채워진 각료 명단, 설득 없는 일방적인 국정운영과 야당과의 갈등, 여기에다 지지부진한 경제가 겹치자 "해도 너무 한다"는 불평이 터져 나왔고 오른쪽으로 치우친 보수파 말고는 지지 세력이 없었다. 그러나 2009년 이후 중간층을 잡기 위한 중도노선을 전면에 내세우면서 이 대통령의 지지율이 서서히 올라 2010년 말에는 60% 선까지 상승했다. 중간층의 지지 덕분이었다.

반대로 진보성향 정치인인 김대중 대통령은 임기 초 70%에 이르는 지지율을 상당기간 유지했는데, 눈앞의 경제위기 상황에서 다수가 수긍하는 개혁으로 진보 고정층은 물론 보수와 진보의 유동층까지 확보했기 때문이다. 그러나 임기 후반으로 갈수록 진보적 개혁정책에 대한 반발로 보수 유동층이 떨어져 나갔고 지지율은 나락으로 떨어졌다.

미국과 영국처럼 한국에서도 경제력을 갖춘 중산층이 늘었고 이들이 유권자 분포에서 다수를 차지한다. 그만큼 이들의 호응을 얻기 위한 전략이 한국에도 적용될 수 있다. 그러나 이들 국가와는 다른 한국만의 특수한 상황에 대한 이해가 필요하다. 중간층을 잡아야 하지만 한국의 중간층이 과연 누구이고 그 비율은 얼마나 되는지 모호하다. 한국의 중간층은 그 안에 다양한 정치적 성향이 자리 잡고 있다. 따라서 중간층에 대한 좀 더 세밀한 분석이 필요한데, 이때 이용할 수 있는 도구가 유권자 분할도이다.

한국 유권자 분할도

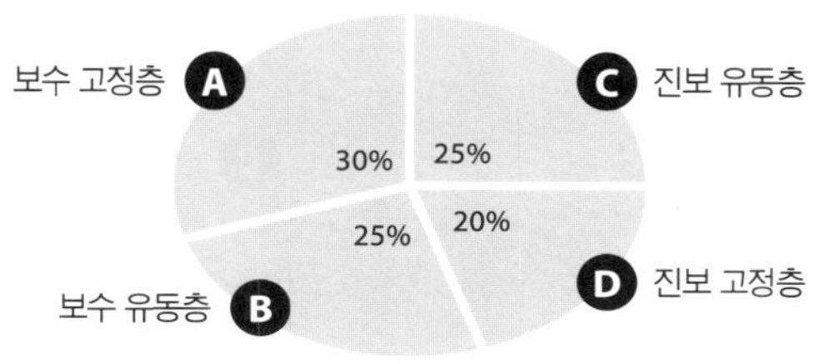

한국 유권자 분할도는 노무현 대통령 재임 당시 진보진영 정치인들이 활용한 모형으로 전체 유권자를 네 그룹으로 나눈다. 가장 비중이 큰 그룹은 보수진영이고 그중에서도 고정층(A)이다. 전체 유권자 중 대략 30%를 차지하는데, 한나라당 정치인1997년, 2002년 선거에서 이회창 후보, 2007년 대선에서 이명박 등을 강력히 지지하는 그룹이다. 투표 참여율이 매우 높고 지지 정당이나 지지 정치인을 바꾸지 않는다. 보수진영 중에서도 유동층(B)이 있다. 심정적으로는 한나라당을 지지하지만 상황에 따라 표심을 바꿀 수 있다. 이들은 투표 참여도가 낮은 것이 특징으로 유권자

중에 25%를 차지한다. 진보진영 역시 두 그룹으로 나뉜다. 우선 유동층(C)으로 유권자 중 25%가 여기에 해당한다. 이 계층은 진보 정치인을 기본적으로는 지지하지만 상황에 따라 중도보수 정치인을 지지하기도 한다. 진보진영 고정층(D)은 20%를 차지한다. 응집력이 강해 선거 때마다 민주당, 민주노동당 등 진보 정당과 진보 후보 지지라는 일관된 표심을 보여준다.

보수와 진보진영 지지층 확장

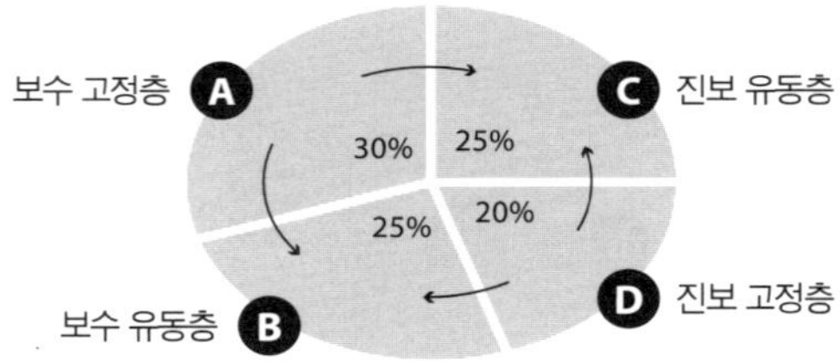

한국의 대통령이 노려야 할 '다수'는 바로 보수진영과 진보진영의 유동층이다. 두 그룹을 합치면 비율이 대략 50%가 된다. 이들은 상황 변화에 따라 지지 정치인을 바꾸기 때문에 대통령이 지지율을 높이려면 이들이 원하는 정책을 '정치 상품'으로 내놓아 이들의 지지를 얻어야 한다. 다수를 얻는 대통령이 보수 진영 출신의 대통령이라면 고정층을 합쳐 최대 80%(A+B+C), 진보 진영 출신 대통령일 경우 최대 70%(B+C+D)의 지지율이 가능하다.

그렇다면 다수를 형성하는 유동층에 호소하기 위해 대통령은 구체적으로 무엇을 해야 하는가? 지금까지 살펴본 국내외 사례를 종합해보면 '균형'과 '단호함'이다. 우선 균형을 위해 대통령은 야당이 주장하는 정책을 때로는 가로챌 수 있어야 한다. 유권자 입장에서는 정책의 효과가 중요한 것이지 누가 처음으로 그 정책을 주장한 것인지는 관심의 대상이 아니다. 반대세력인 야당이 주장하는 정책이라도 다수를 위해 필요하고, 대통령의 것으로 만들어 소화할 수 있다면 얼마든지 가로챌 수 있어야 한다.

이를 통해 유권자에게 좌우를 아우르는 균형 잡히고, 실용적인 지도자란 인상을 줄 수 있다. 빌 클린턴 미국 대통령, 토니 블레어 영국 총리 등 많은 정치인이 정책 가로채기를 통해 다수의 지지를 얻었고 정치인으로서 성공했다. 한국의 경우 보수진영에 속하는 대통령이라면 국가예산안을 국회에 제출하면서 방학 중 결식아동급식비 예산, 필수예방접종 예산처럼 진보파의 이슈가 될 정책을 강조할 수 있다. 야당의 정책을 가로채 균형 잡힌 대통령이란 평판을 만들 수 있다. 진보진영 대통령이라면 불필요한 복지예산의 감축, 국방예산 증액 등 보수파의 관심사를 가져올 수 있다.

대통령이 균형 잡힌 모습을 보여줄 수 있는 또 다른 기회는 각료 임명이다. 많은 국내외 대통령들이 선거를 엽관으로 생각해 선거가 끝난 뒤 자기 사람으로, 당선에 공로를 세운 사람으로 정부를 가득 채우려고 한다. 그러나 이런 편협한 모습이 결국에는 지지율 하락과 정치적 위기로 이어진 예가 수도 없이 많다. 대통령은 능력과 도덕성이란 기준을 통해 야당인사, 정치적 경쟁자일지라도 과감하게 각료로 임명해야 한다. 그것도 단순히 보여주기 위해 한직에만 앉히는 것이 아니라 핵심 보직에서 탕평 인사, 포용 인사를 실천해야 한다. 대통령의 측근들이 이런 각료 임명에 거부 반응을 보일 수 있지만 대통령에게 힘을 실어줄 유권자 다수는 환영할 것이다. 각료 임명과 마찬가지로 야당 지도자를 자주 만나 국정을 의논하는 것도 균형자적인 모습을 강화하는 효과가 있다.

치우친 정책은 결국 유권자 다수의 응징을 받는다는 점도 중요하다. 대통령은 집권기간이 오래될수록 정치 노선상 한쪽으로 치우쳐 편향된 정책을 내놓기 쉽다. 소수파 결집 탓에 운신의 폭이 좁아지면 핵심 지지층에 의존하려는 경향을 보이기 때문인데, 편향된 모습을 보일수록 유권자 다수의 지지에서 점점 멀어진다. 대통령은 언제나 유권자 다수가 원하는 진짜 요구를 찾아 제공해야 한다. 물론 이것이 늘 국민들이 원하는 것을 모두 제공하라는 것을 의미하지는 않는다. 대통령이나 집권당이나 능력에는 제한이 있기 때문에 능력을 벗어나지 않는 범위에서 다수의 요구를 만족시켜야 한다.

균형과 함께 필요한 것은 단호함이다. 대통령은 다수의 요구에 따르지만 핵심 지지층이 소중하게 생각하는 가치를 끝까지 고수하는 단호함도 보여줘야 한다. 무자비할 만큼 정부재정을 줄이면서도 취약계층을 보호하며 진보적인 미국인이 소중히 생각하는 가치를 끝까지 고수한 클린턴 대통령, 어떤 희생이 있더라도 테러로부터 미국인의 생명을 보호하겠다고 한 부시 대통령, 자국 영토를 한 치라도 빼앗길 수 없다며 신속하고 과감하게 포클랜드 전쟁에 나서고 노조 파업에 결코 타협하지 않은 대처 수상에게서 고정지지층은 단호함을 보았고 끝까지 강한 지지를 보냈다.

1 유권자 다수인 중간층을 잡아야 지지율이 올라간다. 극단에 머물지 말고 지지층의 외연을 넓히는 것만이 지지율을 높일 수 있다.

2 좌와 우의 중간, 그러나 한 단계 높은 제3의 길에 올라선다.

3 상대의 이슈를 가져오라. 나는 새로워지고 상대는 존재의 의미를 잃는다.

4 균형 잡히고 단호한 대통령에게 유권자는 지지를 보낸다.

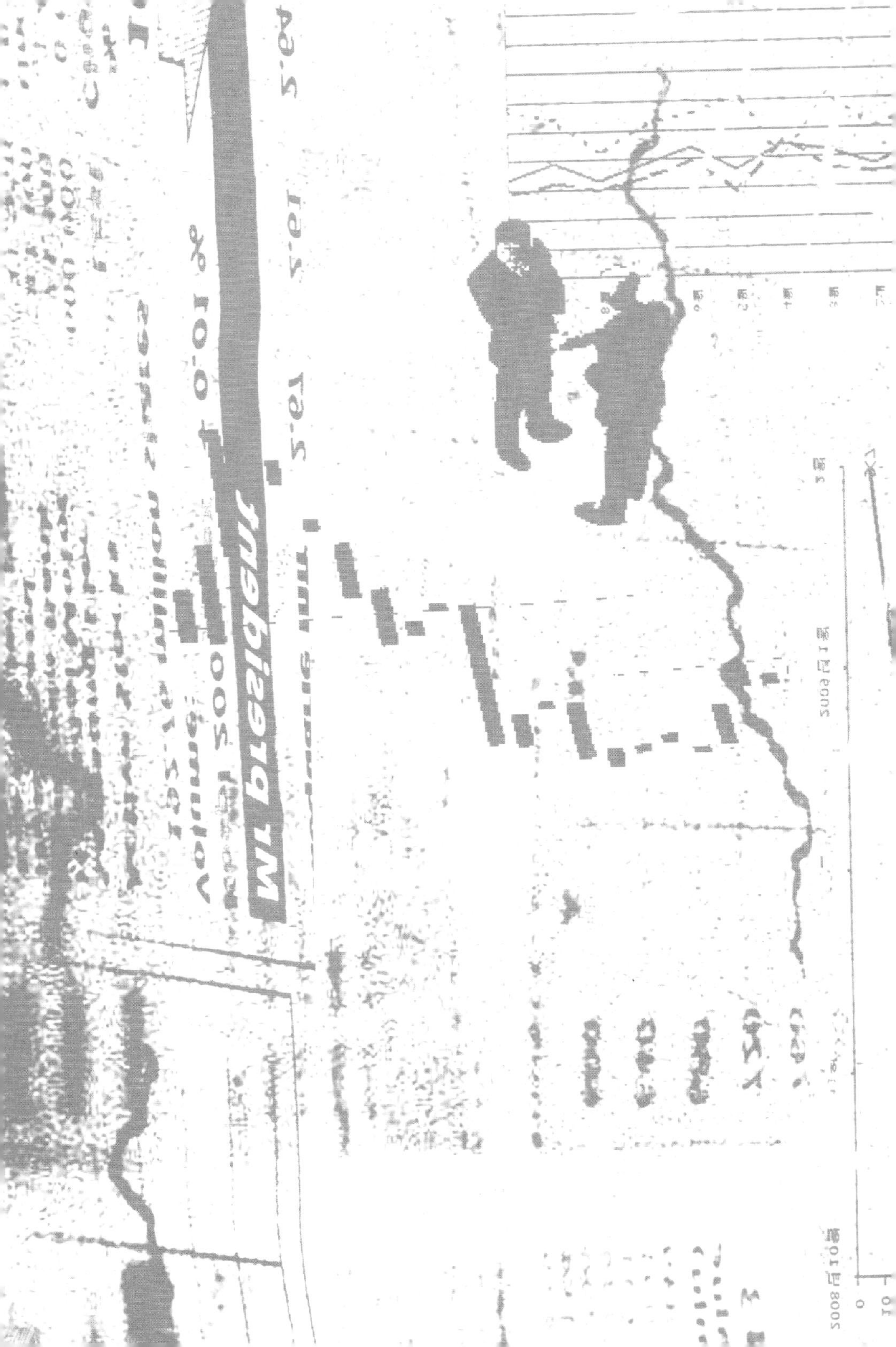

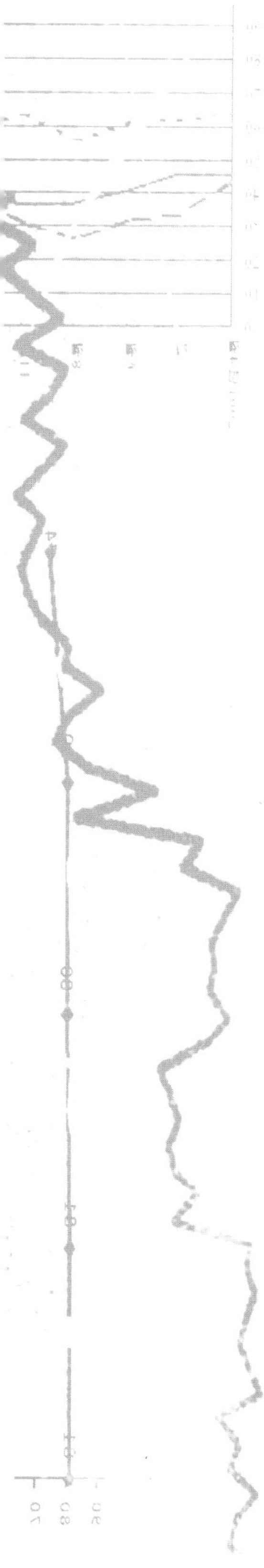

11

Governeering 3
지지율 상승을 자극한다

진정성 있는 의외의 이벤트로 여론 잡기

직접 접촉할수록 지지자가 늘어난다

대중의 언어로 말한다

2010년 8월, 칠레 산호세 광산에서 붕괴사고가 벌어져 33명의 광부가 600미터가 넘는 깊이의 지하 갱도에 갇혔다. 워낙 깊은 곳에 갇힌 탓에 광부들의 생존 가능성은 희박했지만 사고발생 17일 뒤 기적이 벌어졌다. 광부들 모두 생존해 구조를 기다리고 있는 것으로 확인됐고 구조작업이 본격적으로 시작됐다. 세바스티안 피녜라 대통령은 이때부터 구조현장을 자주 찾아가 현장지휘를 했다. 구조에 전폭적인 지원을 거듭 약속했고, 지친 구조대원들을 격려하기도 했다. 드디어 매몰 69일 만에 광부들을 지상으로 끌어올리는 구조작업이 이틀에 걸쳐 진행됐다. 세바스티안 대통령이 처음부터 끝까지 구조현장을 지키며 생환한 광부들을 일일이 맞이했다. 이 모습은 방송을 통해 칠레 전역에 전달됐고 국민은 감동했다.

사실 사고가 일어났을 때 세바스티안 대통령은 정치적 위기에 처해 있었다. 수백 명의 희생자를 낳은 2010년 2월의 지진 후유증에 시달린 칠레 국민들은 광산 붕괴 사고에 더욱 낙담한 상태였다. 세바스티안 대통령은 큰 기대를 안고 취임했지만, 뚜렷한 실적이 없어 반 년 만에 지지율이 40%대로 추락해 국정의 정상적인 운영이 어려운 처지였다. 하지만 광부 구조가 성공적으로 마무리된 직후 세바스티안 대통령의 지지율은 56%로 수직상승했고, 그에 대한 유권자들의 지지는 점점 강해졌다.

사람을 설득하는 방법은 두 가지가 있다. 논리적인 이유를 제시해 생각을 바꾸는 방법과 감성 혹은 감정을 자극해 설득하는 방법이다. 즉 reason과 emotion이다. 이 가운데 즉각적인 효과를 내는 것은 감정이다. 동정, 기쁨, 분노, 불안과 같은 감정을 이끌어낼 수 있다면 사람의 마음을 움직일 수 있다. 기쁨에 겨운 사람은 무엇이든 승낙하고, 분노에 사로잡힌 사람은 앞뒤 안 가리고 행동에 나선다. 논리적으로 따져서는 절대 하지 않을 일을 감정에 사로잡힌 사람은 과감히 한다. 감정은 유권자의 지지를 이끌어내는 방법이기도 하다. 가슴을 설레게 하고 가슴 찡한 감동을 주는, 때로는 끓어오르는 흥분을 일으키는 대통령에게 유권자는 무한한 지지를 보낸다.

진정성 있는
의외의 이벤트로 여론 잡기

원자바오 총리는 중국에서 가장 인기 있는 정치인이다. 사정이 어려운 사람들의 편에 서는 따뜻한 마음을 가진 '서민 총리'로 통한다. 원 총리의 인기는 2008년 5월 쓰촨성 대지진이 결정적인 계기가 됐다. 수많은 사람이 숨지고 여진의 공포에 휩싸인 현장을 원 총리는 지진 발생 당일에 찾아갔다. 임시 천막에서 대책회의를 열어 신속한 구호활동을 촉구하며 구조를 지휘했다. 특히 위험한 건물 붕괴 현장에서 먼지를 뒤집어쓴 채, 잔해에 갇힌 생존자들에게 소리쳐 격려하며 구조에 참여하는 모습은 중국인들을 감동시켰다. 이 모습이 방송을 통해 중국 전역에 전달된 것은 물론이다. 중국이 국가 지도자의 지지율을 조사하는 나라였다면 원 총리의 지지율은 고공행진을 했을 것이다.

이벤트란 국민의 이목을 잡는 대통령의 정책 혹은 언행, 대통령에 대한 국민의 평가를 긍정적으로 만드는 외부 행사나 사건이다. 이 가운데 정책은 수립과 집행이 단기간에 이뤄지기 어렵고 자칫 인기만을 노린 정책은 나라를 망가뜨리는 부작용을 만들 수 있다. 따라서 지지율 측면에서는 사용할 수 있는 카드가 아니다. 외부 행사나 사건은 지지율에 긍정적 영향을 주는 것이기는 하지만 발생 자체가 외부에서 주어지는 탓에 대통령이 통제하기 어렵다. 역시 카드가 될 수 없다. 이와 달리 대통령의 언행은 통제 가능한 변수다. 국민을 향해 언제 어떤 말을 하고 무슨 행동을 할지 스스로 결정할 수 있다.

대통령의 언행이 유권자의 마음을 흔들어 지지율 상승으로 이어지려면 거기에는 두 가지 요소를 갖추고 있어야 한다. 바로 진정성과 의외성이다. 진심에서 우러나는 언행 혹은 최소한 진심처럼 보이는 언행이어야만 유권자는 감동하고 대통령을 지지한다. 특정 목적을 위해 마지 못해 하는 언행, 하기 싫은데 때우기식으로 해서는 효과를 거둘 수 없다. 진정성은 반복과 스킨십을 통해 모습을 드러낸다. 칠레의 세바스티안 대통령은 광산 붕괴 현장을 시간이 날 때마다 자주 찾고 광부들을 지상으로 구조할 때는 이틀이나 자리를 지켰다. 또 세바스티안 대통령이 직접 현장을 지휘하고 구조된 광부를 일일이 맞이했다. 반복과 스킨십의 전형적인 예다.

모든 직책에는 사람들이 기대하는 그에 걸맞은 모습이 있다. 대통령이란 직책 역시 유권자들이 공통적으로 기대하는 모습이 있다. 이런 모습은 믿음직스럽다는 인상을 주기도 하지만, 너무 경직돼 아무런 변화를 볼 수 없다면 유권자들은 식상해하고 별다른 반응을 보이지 않는다. 의외성은 식상한 모습, 틀에 박힌 모습에서 벗어날 때 발휘된다. 원 총리가 지진발생 현장에서 먼지를 뒤집어쓰고 구조에 직접 참여한 것은 총리로서는 의외의 행동이었다. 기존 지도자들은 현장을 방문하더라도 그저 안정된 곳에 머물며 브리핑이나 받고 하나마나한 지시나 하는 게 고작이었다. 그리고 사람들은 그걸 당연히 여겼다. 이 때문에 위험을 무릅쓰고 구조에 나서는 원 총리의 모습을 중국인은 의외적인 일로 받아들였고 열광했다. 물론 의외성이 너무 자주 동원되면 유권자들을 불안하게 만든다. 노무현 대통령이 취임 초 보여준 파격적이고 감성적인 언행은 기존 대통령들과 대비되면서 신선함을 줬고 호감을 불러왔지만 여러 번 누적된 파격과 감성적 대응은 오히려 불안감을 키워 역효과를 만들었다.

진정성과 의외성이란 측면에서 볼 때 광복절이나 제헌절 등 국경일에 맞춰 독립기념관, 세종문화회관, 의회 등에서 행하는 대통령의 연설은 문제가 있다. 그저 때가 됐으니 연설하고, 국경일에 맞는 내용으로 채워진 탓에 진정성도 없고 의외성도 없다. 당연이 국민의 주목을 끌 수도 없다. 차라리 광복절을 앞두고 독도를 방문해 단호한 영토 수호 의지를 밝히거나, 제헌절에 맞춰 법대 한 곳을 방문해 준법에 대한 강의를 하는 게 더 낫다.

진정성과 의외성을 갖춘 이벤트는 미디어의 주목을 받는다. 감동적인 모습과 말, 기대에 벗어나는 언행은 미디어가 가장 좋아하는 취재대상이다. 대통령이 이런 언행을 시의적절하게 할 수 있다면 미디어는 이를 대대적으로, 그것도 호의적으로 보도하고 이는 유권자들에게 그대로 전달된다.

직접 접촉할수록 지지자가 늘어난다

빌 클린턴 대통령은 헤아릴 수 없이 많은 추문 속에서도 임기 후반으로 갈수록 지지율이 올라갔다. 클린턴 대통령의 지지율 상승 이유 가운데 하나로 그가 타운 홀 미팅에 능숙했다는 것이 꼽힌다. 타운 홀 미팅은 우리로 치면 마을회관 정도 되는 장소에서 대통령이 직접 나와 지역 주민들과 대화를 나누면서 정치상황과 정책을 설명하고 주민의 민원을 경청하는 자리다. 미국 역사상 가장 말재주가 있는 대통령 중의 하나인 클린턴은 어떤 전임자들보다 타운 홀 미팅을 자주 열었다. 대통령을 한 번이라도 가까운 자리에서 만난 사람은 지지자가 되지는 않더라도 최소한 호감 정도를 갖게 마련이다.

클린턴은 유권자와 직접 대면해 정책을 설명하고 지지를 호소하는 방법으로 온갖 스캔들이 만들어낸 부정적인 인상을 격파해나갔다. 클린턴을 만나 설명을 들은 사람들은 그를 스캔들의 희생자로 생각하게 되었고, 스캔들을 사사건건 들춰내서 나무라는 정치권과 미디어가 오히려 남을 헐뜯는 나쁜 무리로 인식됐다. 이 때문에 클린턴에 호감을 갖는 사람은 시간이 지날수록 늘었고 이는 지지율 상승으로 나타났다.

TV에서만 보던 대통령과 시장에서 한 번 스치듯 만나고, 길거리에서 악수 한 번 해보며, 연설을 하는 목소리를 직접 들어본 사람은 자연스럽게 대통령에게 호감을 갖는다. 대통령이 보낸 이메일을 받고, 소셜네트워킹사이트에서 대통령의 소박한 글을 읽은 사람은 마음이 끌린다. 사소한 접촉일지라도 친숙함을 낳고 친숙함은 신뢰를 주기 때문이다. 선거 때마다 출마 후보들이 죽을힘을 다해 시장 통을 돌고, 목욕탕까지 찾아다니는 것은 이 때문이다. 대통령도 유권자들의 지지를 얻기 위해서 접촉을 가능한 한 늘려야 한다. 과거의 대통령은 자기가 누구인지, 어떤 생각을 가졌는지 유권자들이 알아서 이해해주기를 바라면 됐다. 그러나 세상이 바뀌어 이제는 바쁘고 부산한 유권자의 지지를 얻으려면 그들이 누구이고, 무엇을 바라는지 알아야 하고 그들을 찾아 다녀야 한다. 그것이 바로 감동을 주는 길이고 그 길을 통해 여론의 지지를 얻을 수 있다.

접촉의 방식은 다양하다. 클린턴이 자주 활용했던 타운 홀 미팅에서부터 민생현장 방문 같은 전통적인 방법과 인터넷 블로그, 소셜네트워킹서비스 같은 새로운 수단까지 활용할 수 있다. 어떤 방법을 선택하든 중요한 것은 대통령이 유권자에게 감동과 흥분을 주거나 최소한 친근감을 줘야 한다는 점이다. 유권자는 대통령에게서 정책의 세세한 내용을 듣고자 하지 않는다. 그보다는 대통령의 말을 통해 비전을 보고, 안정감을 찾고 나라가 제대로 돌아가고 있다는 확신을 얻으려 한다.

가장 기본이 되는 방법이 연설이다. 여기서 연설은 국경일의 연설이나 정부 행사의 연설을 말하는 것이 아니다. 대통령이 대선 때처럼 직접 소규모의 유권자들을 찾아가 가까이서 행하는 연설을 말한다. 그저 때가 돼 수만 명 앞에서 격식을 차려서 하는 연설은 무미건조하다. 또 최고경영자, 전문가집단, 정치인들 앞에서 국정을 설명하고 비전을 밝혀봐야 지지율을 높이는 데 큰 도움이 안 된다. 이들은 이해 타산적으로 혹은 분석적으로 대통령의 연설을 듣기 때문에 감동과 흥분과는 거리가 멀다. 감동, 친근감, 흥분이 일어나려면 동질적인 유권자가 비교적 소규모로 모인 곳에서 연설을 해야 한다. 동질적이기 때문에 감동이 쉽게 확산되며 소규모이기 때문에 몰입 속에 친밀감을 높이기 쉽다. 대학 졸업식장, 출병식장, 이재민 임시숙소처럼 한 가지 점에서 동질적인 보통의 유권자들이 모여 있는 곳이어야 한다.

연설은 사실을 전달하려는 것이 아니다. 감동과 흥분을 일으키는 것이 목적이다. 만약 정책에 대한 연설을 한다면 정책의 구체적인 내용을 일일이 말하는 것이 아니라 정책을 만들 때 한 생각이 뭔지, 정책 결과에 대한 솔직한 전망, 누가 왜 반대를 하는지, 정책 때문에 생긴 고민이 뭔지 등을 소탈하게 밝혀야 한다. 사소한 감동이 쌓여 폭풍 같은 지지를 만들고, 보통 사람의 생각이 모여 세상을 바꾼다.

사람 간의 직접 대면이 단절되고 개인화된 요즘 같은 사회에서는 의사소통의 수단도 거기에 맞출 필요가 있다. 연설이 같은 시간 같은 장소에서 다수를 동시에 상대하는 것이라면 인터넷을 활용한 접촉은 시간과 장소를 초월한다. 과거 의사소통 수단은 그 자리에 함께 있는 군중이 모두 동시에 듣거나 볼 수 있는 연설이나 관보였고, 20세기에는 안방의 중심을 차지해 온 가족이 공유하는 라디오와 TV였다. 그러나 21세기는 개인 혼자만 보고 들을 수 있는 인터넷이 새로운 소통의 수단이 됐다. 인터넷을 이용한 수단은 우선 이메일이 있다. 이미 버락 오바마 미국 대통령이 활용하는 방법으로, 그의 지지자나 민주당 홈페이지 회원으로 가입한 유권자들이 질문을 보내면 대통령이 직접 이메일을 작성해 답을 해준다. 중요한 것은 대통령이 정말 답장은 하느냐 안 하냐가 아니라 대통령이 사람들의 질문을 직접 읽고 답을 하는 것처럼 보인다는 점이다(당연히 대통령 이메일 팀이 있어 전담을 하고 있을 것이지만). 질문에 대한 답이 마치 정말 내용을 읽고 이해해 특정 유권자에게 말하는 것처럼 보인다면 유권자는 감동을 받고 강력한 지지자로 돌변한다. 한국의 대통령은 '안녕하십니까? 대통령입니다'라는 제목의 이메일을 유권자에게 보낼 수 있다. 질문에 대한 답을 할 수도 있고 답장이 아니더라도 대통령의 평소 생각, 요즘의 고민을 진솔하고 평이하게, 아니면 평소 즐기는 취미 등을 소박하게 설명할 수도 있다. 절대 정책에 관한 딱딱한 내용으로 이메일을 채워서 안 된다.

트위터 같은 소셜네트워킹서비스를 통해서도 유권자를 잡을 수 있다. 팔로우어들에게 온갖 정책을 나열하고 거창한 계획을 담기보다는 매일매일 대통령의 심경이나 느낌을 일기 쓰듯이 보여줘야 한다. 만약 진행 중인 국정 현안이 있을 때 현안의 의미를 설명하면서 그 현안 때문에 어떤 고민을 했는지, 현안을 다룰 때 어떤 점이 가장 어려운지 등 사람 냄새가 나는 이야기를 전해야 한다. 유권자들은 카리스마만 있는 지도자는 존경하지만 좋아하지는 않는다. 카리스마에 인간적인 면까지 지닌 지도자에게만 단순한 존경을 넘어 애정을 갖는다. 그리고 이런 지도자는 강한 힘과 추진력을 가진다.

이런 맥락에서 이명박 대통령이 2008년부터 해온 라디오 연설은 다소 시대착오적인 방식으로 보인다. 미국 내에서 인기를 누렸던 루스벨트 대통령의 노변정담을 본떠 초기에 뉴스거리가 된 점은 나름 긍정적이다. 하지만 문제점이 이런 장점을 가린다. 첫째, 소통의 타깃과 소통의 방식이 엇박자다. 이 대통령의 반대층은 20~40대, 특히 화이트칼라와 지식층이다. 이들의 지지를 다시 끌어오는 것이 라디오 연설의 목적이었을 것이다. 그런데 이 타깃층을 위해 라디오를 선택한 것 자체가 문제다. 20~40대 식자층은 라디오를 거의 듣지 않는다. 이들이 라디오 연설의 내용을 알게 되는 것은 그날 저녁 또는 다음날 뉴스를 통해서이다. 걸러진 연설 내용을 간접적으로 듣는 셈이다. 이는 국민과 직접 소통하겠다는 원래 취지를 잃어버린 것이다. 간접적인 전달로는 감흥을 주기 어렵다. 라디오는 주로 60대 이상 노년층이거나 택시기사 등 일부 사람들만이 이용한다. 대개 이들은 MB의 핵심 지지자로 분류될 수 있다. 라디오 연설이 핵심 지지자를 더욱 강하게 묶는 것이라면 모를까, 이반된 유권자층을 끌어당기는 수단 자체으로는 틀렸다. 그저 기자들의 기삿거리나 제공하는 데 그친다. 둘째, 지금은 정보도 넘치지만 원하는 정보를 원하는 시간에 얻고자 하는 수요가 지배하는 세상이다. 특히 20~40대층은 이런 수요의 핵심이다. 이런 유권자에게 시간을 정해 라디오에 귀를 기울이라는 것은, 웬 정치인이 지나가는 사람들을 보고 오늘 5시에 서울 명동거리에서 연설을 할 테니 와서 들으라고 하는 것과 다를 바 없다. 유럽 프로축구같이 정말 볼만하고 마이클 잭슨 콘서트처럼 들을 만한 콘텐츠라도 되면 모를까 대통령의 연설을, 그것도 라디오에서 시간을 정해 놓고 들으라고 하면 누가 듣겠는가. 지나치게 권위적인 발상이다.

대중의 언어로 말한다

토니 블레어 영국 총리는 쉽게 말하는 정치인으로 통한다. 수많은 유권자들 앞에서 연설을 하든, 의회에서 정책에 관해 주장을 펼치든 그는 영국인 유권자라면 누구나 알 수 있을 만큼 쉽게 그것도 호소력 있게 말한다. 블레어 총리의 스타일이라고 치부할 수 있지만 여기에는 한 가지 숨은 노력이 있다.

블레어 총리는 재직 시절 매일 아침 '데일리 메일' 이란 신문을 탐독했다. 영국 중산층 이하 유권자들이 가장 많이 보는 신문으로 쉬운 영어로 된 선정적인 보도와 스포츠 기사, 가십이 주를 이루는 옐로우 저널이다. 정치, 경제, 사회 분야의 기사도 분량이 적기는 하지만 심도 깊게 다루는데, 많은 독자를 확보한 만큼 그 기사의 파장이 매우 크다.

블레어 총리는 매일 신문을 읽으며 유권자 다수의 관심사와 생각을 간접적으로 파악했다. 그러면서 신문의 주요 기사에서 가장 많이 등장하는 단어와 표현을 매일 아침 10여 개로 정리해 하루의 모든 대화에 이 단어들을 활용했다. 대중 연설에서도 그 단어와 표현들을 사용했음은 물론이다. 이 때문에 유권자들은 그의 말에서 늘 익숙함과 편안함을 느꼈다.

대통령은 말을 잘해야 한다. 단순히 언변이 좋거나 근엄하게 무게를 잡는 말을 잘해야 한다는 의미가 아니다. 유권자의 머리와 가슴에 스며들 수 있는, 그러면서도 핵심을 잡아내는 말을 해야 한다. 그러려면 유권자들이 이해할 수 있는, 그들의 언어로 말을 해야 한다. 블레어 총리는 유권자 다수의 언어를 찾기 위해 매일 신문을 들췄고 거기에서 단어를 뽑아내 사용했다. 대중의 언어를 사용한 그는 영국인들이 아직도 선호하는 지도자로 남아 있다.

대중의 언어를 잘 사용하는 지도자로는 버락 오바마 미국 대통령도 블레어에 뒤지지 않는다. 2009년 초 경제관련 연설을 하면서 오바마 대통령은 "American dreams that are being deferred지연되고 있는 미국인의 꿈"라는 표현을 사용했다. 이는 빈민가인 할렘을 노래해 흑인들에게 인기 높은 시인인 랭스턴 휴즈의 시 'A Dream deferred' 에서 따온 것이다. 백인들은 그냥 흘려들었을 표현이지만 흑인 청중들은 즉각 알아차렸고 오바마의 관심에 깊은 감동을 받았다.

오바마는 흑인 청년들이 주로 쓰는 은어와 속어도 적절히 구사한다. 그는 취임 전에 흑인들 사이에서 명소로 떠오른 워싱턴의 패스트푸드 레스토랑 '벤스 칠리 보울' 에 들러 주문을 했다. 잔돈을 돌려받기를 원하느냐는 점원의 말에 오바마 대통령은 "Nah, we straight"라고 말했다. 괜찮다는 뜻으로 주로 흑인 청년들이 사용하는 표현이었다. 동행 취재한 풀 기자는 이를 "No, we' re straight"라고 바꿔 인용했다. 하지만 그의 '원어' 표현은 인터넷을 타고 순식간에 퍼졌고, 흑인 사회, 특히 흑인 청년들은 로스쿨을 졸업한 엘리트인 오바마 대통령이 흑인들의 말투를 능숙하게 구사한다며 열광했다. 또 대선전에 본격적으로 뛰어들기 전 오바마는 자신이 무슬림이라는 소문에 대해 해명하면서 영화 〈말콤 엑스〉에서 흑인운동가 '말콤 엑스' 역할을 맡은 덴젤 워싱턴이 한 대사를 차용했다. "They try to bamboozle you, hoodwick you 그들이 당신을 속여 넘기고, 당신을 속이려 한다." 미국인 특히 정치적으로 의식 있는 미국인이라면 말콤 엑스란 영화를 알고 있고 오바마의 대사가 그 영화에서 나온 것이라는 것도 알았다. 오바마 대통령의 언어는 그를 실제 나이보다 젊어보이게 했고, 흑인을 넘어 미국의 젊은이를 이해하는 대통령이란 강력한 이미지를 심어줬다.

유권자 다수가 이해하고 신뢰를 하려면 대통령의 말이 쉬워야 한다. 중요하고 심각한 내용을 전달한다고 대통령의 말까지 어려워져서는 안 된다. 일부 지식층이나 전문가 집단만 알아들을 수 있는 복잡한 용어, 장황한 설명을 대중은 외면한다. 쉬운 말은 비유를 통해 얻을 수 있다. 대통령이 여성단체 회원들 앞에서 정부의 지방재정 개혁에 관해 연설을 한다는 상황을 가정해보자. 대통령은 다음 두 스타일 중 하나로 연설을 할 수 있다.

"지방정부의 재정난이 심각합니다. 주민복지시설 확대, 신청사 건립, 지역축제 지원 등에 예산을 사용하느라 지출이 세수를 초과했고, 이제는 감당하기 어려울 정도로 재정 상황이 나빠졌습니다. 이대로 가다가는 지방정부 운영이 유지되기 어려울 수도 있습니다. 파국을 막으려면 지방정부는 이제부터 과감하게 지출을 줄여야 합니다. 세수를 늘여야 하지만 당장 필요한 것은 지출을 줄이는 일입니다."

"지방정부들은 심각한 재정난에 처했습니다. 지금 불거진 문제는 인정만 많은 엄마의 태도와 같습니다. 아이에게 무조건 잘해주고픈 엄마는 이렇게 말합니다. '아이에게 좋다면 몽땅 다 사주어야지요. 돈 문제는 나중에 걱정하고요.' 하지만 그 엄마는 나중에 어떻게 될까요? 신용한도를 넘어 더 이상 돈을 빌릴 수도 없고, 빚이 너무 커 지출을 줄여도 문제를 해결할 수 없게 됩니다. 엄마가 할 수 있는 일이라곤 파산신청뿐입니다. 이런 사태를 피하려면 엄마는 거절하는 것을 배워야 합니다. 능력이 안 된다면 불필요한 과외나 불필요한 간식을 줄여야 합니다."

지방재정 개혁이라는 내용은 동일하지만 대통령이 구사한 표현은 전혀 다르고 청중의 반응도 전혀 다를 것이다. 적절한 비유를 통해 지방재정 개혁을 이야기하는 대통령을 유권자는 더 잘 이해하고 그가 하려는 정책을 더 적극적으로 지지할 것이다.

대통령이 올바른 말을 적절한 비유를 섞어 할 때 대중은 환호한다. 올바르지만 훈계조의 표현, 무미건조한 사실의 나열, 아무 감흥 없는 딱딱한 주장으로는 유권자 다수를 설득할 수 없다.

1 감성을 자극하면 가장 빨리 설득할 수 있다. 감동과 흥분을 주는 대통령에게 유권자는 지지를 보낸다.

2 진정성과 의외성이 있는 이벤트에 유권자는 열광한다. 마지못해 벌이는 이벤트는 안 하는 것만 못하다.

3 다양한 채널로 유권자와의 접촉의 빈도를 높여 나간다. 자주 보면 친근감이 생기고 친근감은 지지를 불러낸다.

4 대중이 쓰는 말로 그들에게 다가가야 그들의 마음을 얻을 수 있다. 따분한 연설로 유권자를 질리게 하지 마라.

에필로그

"민심이 모든 것이다. 민심을 얻으면 어느 것도 실패하지 않고, 민심을 얻지 못하면 어느 것도 성공할 수 없다."

"Public sentiment is everything. With public sentiment, nothing can fail. Without it, nothing can succeed."

에이브러햄 링컨 미국 대통령은 이미 19세기에 민심의 지지가 얼마나 중요한지 깨닫고 위와 같은 말을 남겼다. 국민 다수의 뜻인 민심은 거스를 수 없는 도도한 강물처럼 흘러간다. 지도자의 든든한 지원군이 되어 힘을 실어주기도 하지만 때때로 거친 소용돌이를 만들어 지도자를 일깨우고 몰아내기도 한다. 따라서 국민이 권력의 원천인 민주국가에서, 대통령은 민심에 촉각을 세우고 민심의 흐름을 정확히 읽어야 한다.

지지율은 민심을 보여주는 바로미터다. 지지율의 변화를 보면 국민이 대통령을 어떻게 평가하고 얼마나 신뢰하는지, 즉 민심을 알 수 있다. 대통령이 지지율에 무신경하다는 것은 민심 따위는 아랑곳하지 않겠다는 것과 다름이 없다. 민심을 헤아리지 못하는 대통령, 국민 다수의 뜻을 읽지 못한 총리는 정치적인 위기 속에 자리에서 물러났고, 선거에서 무참히 패배했으며, 야심차게 추진했던 정책을 거둬들여야 했다. 하토야마 유키오 일본총리, 캐빈 러드 호주총리, 고든 브라운 영국총리, 이명박 대통령이 그랬다.

지지율이 낮다는 것은 그만큼 대통령이 민심을 제대로 읽지 못하고 있다는 것을 보여준다. 그러나 지지율은 때로는 네거티브 뉴스와 루머, 반대세력의 터무니없는 정치공세로 왜곡되기도 한다. 또 대통령의 진심과 의도가 국민 다수에게 제대로 전달되지 못해 지지율이 급락하거나 정체될 때도 있다. 이럴 때 대통령이 할 일은 민심을 설득하고 그들의 이해를 구하는 일이다. 즉 대통령의 의도와 민심 간의 격차를 가능한 한 줄여 지지율을 높게 '관리' 하는 것이다.

지지율 관리는 얼핏 포퓰리즘과 일맥상통하는 듯 보인다. 포퓰리즘은 국민 다수를 현혹해 인기를 끌고 무책임한 정책을 일삼는 대중영합주의를 말한다. 그런데 포퓰리즘이 가능하려면 국민이 아둔하고 수준이 낮아 합리적으로 생각할 수 없다는 전제가 있어야 한다. 국민이 단지 눈앞의 작은 혜택만 쫓는 탓에 정치인의 현혹에 쉽게 넘어가야만 가능하다. 노동자의 인기를 등에 업고 독재자가 된 1950년대 아르헨티나의 후안 페론 정권이 대표적인 사례다. 하지만 이런 가정은 현대 민주국가에는 적용하기 어렵다. 이제 국민이 눈을 번뜩이며 권력자를 감시하고, 정부의 능력을 뛰어넘는 활동도 벌인다. 심지어 잘못된 길을 가는 지도자를 냉정하게 평가하고 때로는 거세게 몰아세우기도 한다.

이런 맥락에서 지지율 관리는 포퓰리즘과는 다르다. 포퓰리즘이 국민을 현혹하는 것이 핵심인 반면 지지율 관리는 국민을 설득하는 것이 핵심이다. 대통령의 진심과 의도, 정치인으로서의 매력을 국민에게 정확히 전달하고, 왜곡된 정보 때문에 부정적 평가를 하는 국민의 생각을 돌리며, 국민 다수의 바람을 정확히 파악해 충족시키려는 노력이 바로 지지율 관리다.

1 대통령 지지율의 정의와 정치적 의미

〈조지 부시 지지율을 통해서 본 조시 W. 부시의 지지율〉, 가상준, 2002
President Power and The Modern Presidents (R. E. Neustadt, 1990)
Public support for presidents (S. Kernell, 1975)
The measurement of presidential popularity (C. Zunkin, 1982)
The Symbolic Uses of Politics (M. Edelman, 1964)
War, President and Public Opinion (John E. Mueller, 1973)
〈노무현 정부, 추락하는 지지율〉, 뉴스메이커, 2009. 9월 기사

여론의 성격과 특징

〈대통령선거에 있어서 정치적 신뢰의 영향력〉, 김지희, 2003
《현대 미국정치의 쟁점과 과제》 중 〈여론의 역할과 대통령에 대한 평가〉, 전예원, 주미영, 1996)
Presidential popularity from Truman to Johnson (J. E. Mueller, 1970)
President Popularity and President Elections (R. Brody and Lee Siglman, 1983)
Public support for American presidents (J. A. Stimson, 1976)
Public support for presidents (S. Kernell, 1975)

2 지지율의 역사

갤럽 홈페이지(www.gallup.com)와 구글(www.google.com)에서 검색한 조지 갤럽에 관한 영문자료

한국의 정치적 변화와 지지율 조사

여론조사업체 '리치앤리서치' 와 '한국갤럽' 의 지지율 조사 결과
Democratization and changing state-media relations in South Korea (K. Kwak, 2005)
Modernization, globalization, and the powerful state (M. Park, 2000),

3 여론조사의 다양한 측면과 문제점

신창훈 중앙일보 여론조사 전문기자 블로그 (blog.joins.com/media/index.asp?uid=scw1309)
한국언론진흥재단 카인즈(www.kinds.or.kr) 검색한 선거관련 뉴스
Polling and the public (H. Asher, 1999)

프레이밍의 의미와 효과

Media framing of a civil liberties conflict and its effect on tolerence (T. E. Nelson, 1997)
Framing, agenda-setting and priming (D. A. Scheufele, 2007)

4 지지율의 장기 추세와 소수파결집 이론

리서치앤리서치 지지율 조사 결과

If the news is so bad, why are presidential polls so high? (J. E. Cohen, 2004)
Presidential popularity from Truman to Johnson (J. E. Mueller 1970)
Presidential leadership (G. C. Edwards, 1994)
Public support for American presidents (J. A. Stimson, 1976)

5 지지율에 영향을 미치는 요인 분석

《대통령 리더십》, 나남, 최진, 2003
〈조지 부시 지지율을 통해서 본 조시 W. 부시의 지지율〉, 가상준, 2002
〈한국의 정치적 리더십에 관한 실증 연구〉, 고명균, 2003
〈大統領 支持率에 影響을 미치는 要因에 관한 연구〉, 이상훈, 2005
Economic influences on presidential popularity (K. R. Monroe, 1978)
Media and Politics in Pacific Asia (D. McCargo, 2003)
Presidential leadership (G. C. Edwards, 1994)
President and the Prospective Voter (H. Norpoth, 1996)
War, President and Public Opinion (J. E. Mueller, 1973)
The people' s choice (P. F. Lazarsfeld, 1968)

6 뉴스의 영향력

Economic headline news on the agenda (D. J. Blood, 1997)
The accessibility bias in politics (S. Iyengar, 1992)
The spiral of silence (E. Noelle-Neumann, 1993)

뉴스가 지지율에 미치는 영향

Economic influences on presidential popularity (K. R. Monroe, 1978)
News coverage and political crisis of the presidents in South Korea (Sanghun Lee, 2009)
News media impact on the ingredients of presidential evaluations (J. M. Miller, 1996)
Twenty-five years of the spiral of silence (D. A. Scheufle, 2000)

7 네거티브 뉴스의 특성

Do negative message work? The impact of negativity on citizens' evaluation of candidate. (K. L. Fridkin, 2004)
Portraying the president (M. B. Grossman, 1981)
The accessibility bias in politics (S. Iyengar, 1992)

네거티브 뉴스가 지지율에 미치는 영향

Negative news and the sleeper effect of distrust (J. Kleinnijenhuis, 2006)

Negative versus positive television advertising in U.S. Presidential campaigns (L. L. Kaid, 1991)
News coverage and political crisis of the presidents in South Korea (Sanghun Lee, 2009)
The asymmetry in economic news coverage and its impact on public perception in South Korea (Y. Ju 2007)
The effects of strategic news on political cynicism and vote choice among young voters (M. Elenbaas, 2008)
The impact of events on presidential popularity (R. A. Brody, 1975)

8 루머의 확산 경로

《루머》, 프리뷰, C. R. Sunstein, 이기동 옮김, 2009
《루머 심리학》, 한국산업훈련연구소, N. DiFouzon, 신영환 옮김, 2008
한국언론진흥재단 카인즈(www.kinds.or.kr)와 네이버(www.naver.com) 검색한 월드컵 관련 뉴스
Spiral of Cynicism (J. N. Cappella, 1997)
The spiral of silence (E. Noelle-Neumann, 1993)

9 여론의 지지를 얻기 위한 전략

〈선거운동과정에서 국정운영과정으로의 전환〉, 함성득, 1997
《신군주론》, 아르케, Dick Moris, 홍대운 옮김, 1999
The effect of political trust on the presidential vote (M. J. Hertherington, 1999)
The Great Man Theory Breaks Down (H. Spencer, 1986)
The Presidency (J. D. Barber, 1986)

위기 대응 전략

The effectiveness of corporate communicative responses to accusations of unethical behavior (J. L. Bradford, 1995)
An analytic framework for crisis situations (W. T. Coombs, 1998)
Going public(S. Kernell, 1997)
Referendums and elections (L. LeDuc, 2002)

10 중간층 잡기와 트라이앵귤레이션 전략

《대처 리더십》, 김영사, 구로이와 도로, 정인봉 옮김, 2007
《중도실용을 말하다》, 랜덤하우스, 정정길 등, 2010
《대처 vs 클린턴 리더십》, 미래M&B, 채희봉, 2007

시장 지향적 전략

Citizen consumers (M. Scammell, 2003)
Key concepts in political communication (D. G. Lilleker, 2006)
Lifestyle politics and citizen-consumers: identity, communication and political action in late modern society (W. L. Bennett, 2003)
Political marketing and Britishpolitical parties (J. Lees-Marshment, 2008)

11

《도덕, 정치를 말하다》, 김영사, 조지 레이코프, 손대오 옮김, 2010
Blacks, whites hear Obama differently (Politico 기사, 2009.3.3)

0 기타 자료

Brand Leaders (C. Needham, 2005)
Comparing competing theories on the causes of mandate perceptions (L. J. Grossback 2005)
Comparing media systems in new democracies (K. Voltmer, 2008)
Congressional response to mandate elections (M. A. Peterson, 2003)
Cynical and engaged, strategic campaign coverage, public opinion, and mobilization in a referendum (C. H. De Vreese, 2002)
Follow the Leader? Presidential Approval, Presidential Support, and Representatives' Electoral Fortunes (P. Gronke, 2003)
Modernization, globalization, and the powerful state: the Korean media (M. Park, 2000)
National Issues, Strategic Politicians, and Voting Behavior in the 1980 and 1982 congressional elections (A. I. Abramowitz, 1984)
South Korean presidential election and evolution of political dealignment (M. Kim, 2008)
The declining image of the German political Elite (H. M. Kepplinger, 2000)
The effect of political trust on the presidential vote (M. J. Hertherington, 1999)
The not so simple act of voting (R. J. Dalton, 1993)
The presidency and political thrust (M. J. Hetherington, 2006)
The struggle for press freedom and emergency of unelected media power in South Korea (M. Kang, 2005)